TABLE DES MATIÈRES

Todas as citações bíblicas foram extraídas da *Nova Versão Internacional* (NVI).
A Lei do Reconhecimento
ISBN 10: 1-56394-302-6 / ISBN 13: 978-1563943027 / PB-114
Copyright © 2005 por **MIKE MURDOCK**
Todos os direitos de Publicação pertencem exclusivamente à Wisdom International.
Publicadora/Editora: Deborah Murdock Johnson
Publicado pelo Centro de Sabedoria · 4051 Denton Hwy. · Ft Worth, Texas 76117
1-817-759-0300 · **Você Amará A Nossa Website..!** *www.***WisdomOnline.com**

"Tudo O Que Você Precisa Em Sua Vida
Já Faz Parte Dela; Simplesmente Aguarda
Seu Reconhecimento".

-*MIKE MURDOCK*

POR QUE ESCREVI ESTE LIVRO

A Ignorância É Mortal. A ignorância perpetua a doença, a probeza e o fracasso. A ignorância produz perda constante em nossa vida. Já andei pelas ruas de Calcutá, na Índia, com o grande missionário Mark Buntain e senti o terrível cheiro da ignorância. A decadência, a angústia e a tragédia humanas são sempre resultado da cilada da ignorância.

Amo a *Sabedoria.* Gosto muito de observar o notável progresso e as milagrosas mudanças que ela promove. Sou revigorado quando observo as pessoas que conseguem a chave de ouro da Sabedoria, destrancam a porta e deixam entrar o sucesso em sua vida. Chaves pequenas destrancam as portas de ouro.

Pequenas mudanças podem criar grandes futuros. Tenho notado ao longo dos anos que a vida envolve uma coleção de leis e princípios. Descobrir essas leis pode mudar radicalmente o curso de sua vida...instantaneamente...para sempre.

Alguns anos atrás, li um livro poderoso sobre a visualização e os resultados disso em nossa vida. Quando comecei a trabalhar com a *Lei da Visualização,* minha energia, minha saúde e até mesmo a qualidade de minhas amizades mudaram. Quando descobri a *Lei Das Palavras,* a força poderosa de transformar o futuro em existência, fui mudado para sempre.

Quando Deus começou a originar a revelação de *"A Lei do Reconhecimento"*, eu sabia que havia adentrado um dos segredos mais poderosos e ocultos da vida.

Durante dois anos segui ouvindo uma voz interior que dizia: *"Tudo Que Você Deseja Ou Precisa Já Está Em Sua Vida, Aguardando Apenas Seu Reconhecimento"*.

Eu sabia que isso continha um *segredo,* um *código* poderoso, uma *mensagem* oculta para meu espírito, mas não sabia ao certo como se aplicava.

Sempre fui uma pessoa muito observadora. Estudo e esquadrinho qualquer coisa perto de mim. Ouço outras pessoas com um foco completo.

Mas aquela frase continuava ecoando em meu espírito e em meu coração.

Então, como milhões de sóis queimando no horizonte...eu a enxerguei! Instantaneamente, vi essa lei trabalhando em cada pessoa ao meu redor.

Eu sabia *por que* o êxito acontecia.

Eu sabia *por que* as pessoas ao meu redor haviam falhado.

Eu conhecia *a força* por trás do sucesso grande e excepcional.

Era *A Lei do Reconhecimento.*

Enquanto estudava a Bíblia, o maior livro do planeta, tudo isso foi revelado e iluminado como nunca antes. Revisei minha vida pessoal. Foi como um grande sinal de néon...*A Lei do Reconhecimento.*

Qualquer Coisa Não Conhecida Se Torna Não Celebrada.

Qualquer Coisa Não Celebrada Se Torna Não

Recompensada. Qualquer Coisa Não Recompensada, No Final, Sai de Sua Vida.

Eu sabia que essa lei de ouro fora do comum para o sucesso deveria ser compartilhada com todas as pessoas que eu conhecesse pelo restante de minha vida.

Ela pode curar qualquer ferida dentro de você.

Ela pode despertar mais entusiasmo do que você jamais experimentou.

Ela forçará as lembranças infelizes a morrer dentro de você.

Ela corrigirá seu rumo, criará um magnetismo ao seu redor e fará com que aqueles que se encontram em lugares altos busquem sua companhia e seu relacionamento.

Essa lei é o elo perdido que você tem procuaado durante toda a vida.

Ela o levará da pobreza à prosperidade.

Ela substituirá as lágrimas pelas gargalhadas.

Ela responderá às perguntas enterradas dentro de você durante toda a vida.

Essa lei é a ponte dourada para a maior fase de sua vida.

Desejo, com todas as minhas forças, ajudá-lo a ser bem-sucedido.

Foi por isso que escrevi este livro.

Mike Murdock

≋ Marc 8:18 ≋

"Vocês têm olhos, mas não vêem? Têm ouvidos, mas não ouvem? Não se lembram?"

◈ 1 ◈

A LEI DO RECONHECIMENTO

A Vida É Governada Por Leis. A Lei da Promoção ensina que "Você Somente Poderá Ser Promovido Por Alguém Cujas Instruções Você Seguiu".

A Lei da Reprodução indica que "Você Somente Poderá Reproduzir Algo Que Você É".

A Lei da Semente revela que, "Seja O Que For Que Estiver Em Suas Mãos, Isso Produzirá Qualquer Coisa Que Você Deseje Para Seu Futuro".

A Lei do Reconhecimento ensina que, *"Tudo O Que Você Precisa Em Sua Vida Já Faz Parte Dela; Simplesmente Aguarda Seu Reconhecimento".*

Existe algo que você não está enxergando em sua vida hoje...e isso pode resultar em um custo fatal para sua vida.

Os fariseus não reconheceram a divindade de Jesus. Isso lhes custou a eternidade, os milagres e a alegria da presença divina. Jesus lastimou esse fato: "Quando se aproximou e viu a cidade, Jesus chorou sobre ela e disse: 'Se você compreendesse neste dia, sim, você também, o que traz a paz! Mas agora isso está oculto aos seus olhos [...] Também a lançarão por terra, você e os seus filhos. Não deixarão pedra sobre pedra, porque você não reconheceu a oportunidade que Deus lhe concedeu'", (Lc 19:41-42, 44).

As Pessoas Espirituais Nem Sempre Cooperam

Com A Lei do Reconhecimento. Jesus a viu nos próprios discípulos. "Vocês têm olhos, mas não vêem? Têm ouvidos, mas não ouvem? Não se lembram?", (Mc 8:18). *A Lei do Reconhecimento Pode Transformar Toda Uma Vida de Fracasso Em Sucesso Instantâneo.* Um excelente exemplo é o dos ladrões que estavam pendurados ao lado de Jesus na crucificação. O primeiro, que não reconheceu a Jesus como o Filho de Deus, amaldiçoou e se perdeu por toda a eternidade. O segundo reconheceu a Cristo e implorou perdão–e recebeu (veja Lc 23:42-43).

A Lei do Reconhecimento Ativa As Leis de Preservação E Promoção. Davi reconheceu a unção do rei Saul e recebeu a própria realeza. O rei Sual, porém, recusou-se a reconhecer a unção de Deus sobre Davi e *perdeu* o trono.

A Lei do Reconhecimento Pode Levá-Lo do Desconhecimento À Significância Em 24 Horas. Zaqueu, o malvado cobrador de impostos, *reconheceu* que Jesus era o Cristo. Jesus compensou-o indo à casa dele para comer e mudar sua vida para sempre.

A Lei do Reconhecimento está mudando minha vida e meu ministério a cada dia.

Eu estava buscando, diligentemente, um gerente qualificado para nosso grupo de 25 pessoas. Ninguém ainda havia aparecido que comunicasse uma sensação de paz à minha alma e ao meu espírito. Um dia, enquanto eu orava no "Lugar Secreto", apresentei a Deus minha inha lista de qualificações, tudo aquilo que eu desejava em um gerente geral.

"Essas qualificações podem ser encontradas em sua secretária", disse ele.

Expliquei ao Espírito Santo que ela era minha secretária, e não minha gerente. O Espírito Santo insistiu mansamente: "Não, ela é sua *gerente*. Você a colocou na posição de secretária, mas ela é a gerente com as qualidades que você tem buscado e solicitado. Tudo que você me disse que queria já existe *nela*".

Ela estava envolvida em meu ministério havia vários anos. Era crente sincera, sábia e atenciosa. Ela já estava ali havia um bom tempo, mas eu não a *reconheci* como minha gerente. Durante dois anos e meio tentei vender minha casa, mas não conseguia. Durante esse tempo, ouvia constantemente em meu coração a voz do Espírito: "Tudo que você quer *já* está aqui. Tudo que você quer *já* está aqui". Eu não fazia idéia do que ele realmente queria dizer. Sabe, eu queria vendê-la porque desejava estar mais perto da água ou ter uma linda visão do alto de uma montanha.

Um dia, um amigo estava fazendo uma trilha de asfalto para corrida ao redor de meu jardim.

"Por que você não faz um viveiro de peixes aqui em sua propriedade?" ele perguntou.

"Cerca de doze anos atrás, eu havia ponderado sobre isso. Disseram-me que meu jardim é muito pequeno, uma vez que tem apenas sete acres" respondi.

"O quê? É muito fácil colocar um tanque de peixes aqui. Só não sei o que faríamos com a terra, mas poderíamos amontoá-la do outro lado do jardim. Você poderia fazer um pequeno plano ali ou colocar um mirante no topo. Isso lhe permitiria olhar para baixo e ver os antílopes e as aves do outro lado da propriedade. Fiquei onde estava, atônito, enquanto ele me mostrava o que conseguia enxergar naquele pedaço do meu jardim". Naquele momento, os animais já estavam correndo por todos os lugares e aquele era um pedaço plano da propriedade.

"Sabe o que seria maravilhoso?" continuou. "Você poderia ter algumas fontes lançando água a quatro metros de chão. Você poderia ouvir a cachoeira da janela do seu quarto todos os dias e todas a noites".

Eu não conseguia acreditar no que estava escutando.

Acabei fazendo seis tanques de peixes. Dois continham lampreias, um tinha percas e os outros dois abrigavam o koi japonês, um belo tipo de peixe.

Sete fontes mantinham o som ao redor da casa 24 horas por dia. Caminhar pelo quintal me dá a sansação de estar na praia o tempo todo. Na verdade, meu pai disse, há algum tempo, enquanto tomava o café da manhã comigo no mirante: "Filho, se fosse tirar férias, eu preferiria vir para cá a ir para qualquer outro lugat que conheço".

Pense nisso. É quase uma loucura. Aqueles viveiros de peixes já existiam no meu quintal... durante anos e anos e anos. Eu não os enxergava. Nunca os vi. Percebe? *Tudo que eu tinha de fazer era tirar o solo de cima deles!*

▶ Alguns dos maiores dons de sua vida ainda não foram reconhecidos.

▶ Deus tem colocado algo próximo a você que não está sendo visto.

▶ O fracasso em reconhecer o dom está lhe custando muito caro.

Os não-salvos não reconhecem a bondade de

Deus. Assim como os tolos, eles estão submergindo ao longo da vida sem alegria e vitória sobrenaturais.

Há alguns anos, li uma história verídica que mexe comigo até hoje.

Um jovem casal se tornou obcecado por ouro durante a grande corrida do século XIX. Decidiram vender a fazenda e tudo que possuíam para sair atrás do precioso metal. Fracasso após fracasso, finalmente faliram na Europa. Depois de muitos anos, decidiram voltar à América e visitar a fazenda que tinha sido deles. No entanto, quando chegaram, não puderam se aproximar do local porque havia guardas por todos os lados e equipamentos de vigilância para proteger a propriedade. Eles descobriram que sob a casa da fazenda onde moraam estava a *segunda maior reserva de ouro* da América...agora controlada pelo governo.

A fazenda que venderam para que pudessem ir atrás do ouro abrigava a segunda maior mina do país! Eles simplesmente não *reconheceram* aquilo.

A Lei do Reconhecimento é simples, mas explosiva:

▶ Tudo Que Você Precisa Já Está Em Sua Vida, Meramente Aguardando Seu Reconhecimento.

▶ Qualquer Coisa Ainda Não Reconhecida Permanece Não Celebrada Por Você.

▶ Qualquer Coisa Que Você Se Recuse A Celebrar, No Final, Existe Em Sua Vida...Um Dom, Um Milagre Ou Uma Pessoa.

Ao longo deste livro, o Espíritu Santo falará com você e, de repente, o fará sentir um despertar explosivo e iluminador para os milagres que ele tem colocado dentro de você e naqueles que estão ao seu redor. O orulho pode cegá-lo para sempre. Porém, a humildade pode libertar o maior fluxo de milagres que você jamais imaginou.

A Lei do Reconhecimento funciona para o pobre. aconteceu com Rute e Boaz.

A Lei do Reconhecimento funciona para o enfermo. Aconteceu com o homem cego que clamou por Jesus.

A Lei do Reconhecimento funcionará para você, se você permitir que o Espírito Santo fale, hoje, por meio deste livro, ao seu coração.

≈ 2 ≈

Reconhecimento da Voz do Espírito Santo

O Maior Comunicador É O Espírito Santo. Ninguém conversa mais que o Espírito Santo. Ele até criou o universo com as palavras: "Pela fé entendemos que o universo foi formado pela palavra de Deus, de modo que aquilo que se vê não foi feito do que é visível", (Hb 11:3).

O pedido de Jesus foi para que a Igreja ouvisse o Espírito. "Aquele que tem ouvidos ouça o que o Espírito diz às igrejas", (Ap 2:7, 11, 17, 29).

Jesus conversa com o *Pai* (Jo 14:16).

O Pai conversa com o *Espírito Santo* (Jo 16:13).

O Espírito Santo conversa conosco (Ap 2:7, 11, 29).

O Espírito Santo intercede diariamente por você: "O Espírto nos ajuda em nossa fraqueza, pois não sabemos como orar, mas o próprio Espírito intercede por nós com gemidos inexprimíveis. E aquele que sonda os corações conhece a intenção do Espírito, porque o Espírito intercede pelos santos de acordo com a vontade de Deus", (Rm 8:26-27).

8 Recompensasa Para Aqueles Que Reconhecem A Voz de Deus

1. **O Espírito Santo Sempre Nos Avisa do**

Perigo Iminente. Um bom e valioso amigo meu pastoreou, por muitos anos, uma grande igreja no Texas. Fiquei surpreso quando ouvi a trágica notícia de sua morte em um acidente de avião. Fiquei atordoado, confuso e desapontado. Um ano mais tarde, eu estava tomando ceia com a viúva dele, e ela me contou um fato fascinante.

"Mike, na manhã do acidente, meu marido sentou-se na beirada da cama, às 5:30 da manhã e falou para mim: 'Querida, algo me diz que não devo voar hoje'".

Mas ele decidiu ignorar aquela *discreta e serena voz*. Talvez seu compromisso fosse muito urgente, e as expectativas dos outros pesavam muito sobre ele. Seja qual for a razão, ele decidiu ignorar a Voz. Sua morte aconteceu horas depois.

2.   O Reconhecimento da Voz Pode Evitar Mortes, Tragédias E Dificuldades Desnecessárias. Muitas vezes recebi notícias de pessoas que sofreram morte prematura e desnecessária. Na maioria das vezes, ficou evidente que a pessoa se sentia perturbada e relutante em continuar os planos, mas ainda assim prosseguiu...ignorando a discreta Voz.

3.   O Reconhecimento da Voz Pode Evitar Casamentos E Lares Desfeitos. Quando eu tinha dezenove anos, fiquei perdidamente apaixonado. Uma noite, na sala de oração, chorei durante horas por causa disso. O Espírito Santo falou-me claramente: "Não o quero nesse relacionamento. Termine-o!". Depois de ter colocado um fim em tudo, alguns de meus professores da universidade confirmaram aquela Voz ao me informar: "Mike, é uma sábia decisão que você e essa jovem caminhem em direções separadas".

Três anos mais tarde, ignorei a Voz e reatei o relacionamento.

Treze anos mais tarde, caminhando pelo palácio da justiça de Houston, no Texas, depois dos procedimentos do divórcio, o Espírito Santo lembrou-me do que havia me dito: "Eu o avisei treze anos atrás".

4. O Reconhecimento da Voz Pode Revelar Ondas de Favor E de Bênção. Certa tarde, tocou o telefone que ficava na cozinha de minha casa em Houston. Era um querido amigo, Roger McDuff. Roger foi uma lenda da música cristã durante muitos anos.

"Mike, enquanto eu estava me barbeando, o Espírito Santo falou comigo e me mandou pedir que você fosse comigo à Califórnia. Paulo e Jan Crouch chefiam o canal 40 em Santa Ana. Você já ouviu falar deles?"

Eu não os conhecia.

"Compre sua passagem, gostaria de apresentálos a você. Acredito que exista uma conexão entre eles e você".

Alguns dias depois, Paulo Crouch me tornou um convidado constante de seus programas. Ele e Jan patrocinaram meu programa de televisão na estação deles por quatro anos. Muitos milagres aconteceram. Milhares de pessoas foram tocadas pelo nosso ministério. Foi assombroso.

Roger ouviu a voz do Espírito.

Eu ouvi a voz do Espírito.

Desde então, tem existido uma onda de milagres. Conheci algumas pessoas maravilhosas, como Rosie

Greer, Laverne Tripp, Dwight Thompson e muitos outros.

5. A Voz Sempre Ligará Você A Pessoas Extraordinárias.

6. O Reconhecimento da Voz Traz Paz Interior. Isso aconteceu com os discípulos que estavam no barco durante a tempestade.

7. O Reconhecimento da Voz Revela Grande Prosperidade. "Se vocês obedecerem fielmente ao SENHOR, o seu Deus, e seguirem cuidadosamente todos os seus mandamentos que hoje lhes dou, o SENHOR, o seu Deus, os colocará muito acima de todas as nações da terra. Todas estas bênçãos virão sobre vocês e os acompanharão, se vocês obedecerem ao SENHOR, o seu Deus", (Dt 28:1-2).

8. A Voz Pode Mudar As Estações Financeiras de Sua Vida Em Um Instante. Meu primeiro ano de evangelismo foi uma catástrofe financeira. Em um mês, meu salário era de 35 dólares, no outro, 90. Nos primeiros doze meses de evangelismo, meu salário foi de 2.263 dólares. Comprei um Chevrolet 1953 no segundo ano, em 1967. Durante o mês de junho, pelo que posso me lembrar, fui convidado a participar do Conselho Distrital das Assembléias de Deus do Sul do Texas. O palestrante foi Charles Greenaway, amado e respeitado missionário. Ele falou e depois mencionou Lévitique 19:9-10. Nunca havia notado essa passagem. É como se eu o estivesse ouvindo ainda falar:

"Qual o tamanho de suas extremidades? No Antigo Testamento, os ricos eram instruídos a deixar as extremidades de seus campos de cevada ou de trigo para os pobres. Deus prometeu abençoá-los se eles

semeassem e deixassem grandes as extremidades para Deus e para os necessitados". Ele continuou: "Seu campo é o seu *salário*. Suas extremidades representam sua *oferta* para Deus. Se você aumentará o tamanho de suas extremidades, Deus aumentará o tamanho de seu campo ou de seu salário".

Nunca tinha ouvido essa filosofia antes. Foi um missionário da Assembléia de Deus que me disse que eu poderia influenciar minha área financeira se devolvesse uma porção dela para Deus.

Charles Greenaway estava levantando dinheiro para o departamento de missões e nos encorajou a fazer promessas de fé com a duração de doze meses. Eu não era muito familiarizado com aquilo, mas fiquei inspirado. Sentado naquele lugar, decidi que iria "dar um salto de fé".

Ele gritou: *"Eu desafio você a fazer prova de Deus!* O único lugar em que Deus lhe diz para provar da existência dele está em Malachie 3. Ele simplesmente o convida a lançar algo em direção ao céu, e se algo a mais do que você lançou retornar...isso é a prova da existência dele".

Alguma coisa dentro de mim decidiu acreditar.

Tremendo, eu tentei controlar meus pés. Fiz uma promessa de fé de cem dólares. Fiz isso porque eles me deram o prazo de doze meses para eu aparecer com 100 dólares. Essa quantia era metade do meu salário de um mês.

A volta para Lake Charles, na Louisiana, onde eu morava, foi uma viagem emocionante.

de onde eu iria tirar cem dólares?

A casa onde eu morava foi comprada pelo meu pai

pelo alto preço de...150 dólares! Ele havia comprado toda a casa por 150 e se mudado para outro pedaço de terra que possuía. Então, eu estava vivendo lá. A mobília do quarto havia custado 35 dólares, adquirida de um dos diáconos de meu pai, o irmão Stanley. Isso aconteceu em uma quita-feira pela manhã, enquanto eu dirigia de volta de Victoria, Texas, para Lake Charles.

No Domingo pela manhã, um antigo pianista do Quarteto Stamps havia visitado nossa igreja. Seu nome era Merle Daley. Quando terminou de tocar um solo de piano na igreja de meu pai, ele se levantou.

"Amigos, Deus tem sido muito bom para mim! Agora mesmo, meus bolsos estão cheios de notas de cem dólares". Fiquei com os olhos arregalados.

de repente, ele olhou para mim. Eu estava sentado um pouco distante, à esquerda do salão.

"Na verdade, Deus acabou de me falar para dar uma destas notas de cem dólares para Mike!"

Naquele momento, eu soube que ele conhecia mesmo a Deus.

Na Segunda pela manhã, depositei o presente de cem dólares em minha conta corrente e logo preenchi um cheque para o Conselho Distrital das Assembléias de Deus do Sul do Texas para pagar minha promessa de fé.

Na Quinta pela manhã, fui para Beeville, Texas, ministrar na Primeira Igreja Assembléia de Deus onde James Brothers era o pastor titular. Enquanto estava dirigindo pela cidade, vi um pequeno trêiler com uma placa de "Vende-se" sobre ele, e o valor era de cem dólares. Era exatamente do tipo que eu estava querendo para levar minhas roupas, meus livros e meus pertences a todos os lugares de reunião. Fiquei um pouco frustrado por dentro porque havia cumprido com minha promessa de fé...e *não tinha mais os cem dólares para comprar o pequeno trêiler.* Parecia que satanás estava sussurrando ao meu coração: "Veja o que você poderia ter conseguido comprar se não tivesse cumprido sua promessa de fé!". É claro que concordei com ele.

Naquela noite, fui cedo para a igreja e me sentei ao antigo piano sobre a plataforma. Enquanto ensaiava, antes do culto, um casal entrou. Em poucos minutos, a mulher se aproximou por trás de mim e me tocou o ombro.

"Meu marido e eu sentimos no coração de lh entregar isto".

Eu me virei e olhei para a mias linda visão de toda a minha vida: um cheque no valor de 150 dólares.

"Isto é Deus, minha irmã! Hoje, enquanto dirigia pela cidade, vi um pequeno trêiler que tanto desejava comprar e que custava cem dólares. Agora tenho mais que o suficiente para comprá-lo!" exclamei com alegria.

No dia seguinte, Quarta-Feira, comprei o trêiler, e ainda sobraram cinqüenta dólares. Então, corri e enviei imediatamente uma outra semente de cinqüenta dólares para o escritório do Conselho em Houston. Eu já havia cumprido minha promessa de fé, mas senti que alguma coisa funcionava bem demais e rápido demais...e estava determinado a trabalhar todos os dias de minha vida por aquilo!

A noite de Quarta-Feira chegou. Enquanto ensaiava ao piano, o casal entrou e novamente ela se aproximou de mim com outro cheque maravilhoso.

Ela disse: "Não conseguimos dormir ontem à noite. O Espírito Santo falou ao nosso coração e disse que deveríamos comprar esse trêiler para você também. Aqui está outro cheque de cem dólares para pagar o trêiler".

Meu desfile de milagre de colheitas havia começado.

A discreta e serena Voz tinha ativado uma coleção de milagres que mudaria minha vida para sempre.

Quando Um Ministro de Deus Fala Debaixo da Unção, Você Está Ouvindo A Voz do Espírito Santo. "Tenham fé no SENHOR, o seu Deus, e vocês serão sustentados; tenham fé nos profetas do SENHOR, e terão a vitória", (2 Cr 20:20).

Quando Sua Consciência Estiver Convencida, Você Está Ouvindo A Voz do Espírito. "Quando ele vier, convencerá o mundo do pecado, da justiça e do juízo", (Jo 16:8).

Quando Você Lê A Palavra de Deus, Está Ouvindo A Voz do Espírito. "Toda a Escritura é inspirada por Deus e útil para o ensino, para a repreensão, para a correção e para a instrução na justiça", (2 Tm 3:16).

A Coisa Mais Importante Em Sua Vida É O Reconhecimento da Voz do Espírito Santo.

A voz dEle é a única que verdadeiramente importa.

Ninguém pode conversar com Deus por você.

Ninguém pode *conhecer* a voz de Deus por você.

É por isso que o salmista exclamou: "Ó Deus, tu és o meu Deus, eu te busco intensamente; a minha alma tem sede de ti! Todo o meu ser anseia por ti, numa terra seca, exausta e sem água. Quero contemplar-te no santuário e avistar o teu poder e a tua glória", (Sl 63:1-2).

O Que Você Ouve Primeiro Fetermina O Que Você Falará Depois. Ouça a voz dEle antes de ouvir as necessidades de sua família. Você sabe, a voz dEle produzirá a confiança que você necessita para cuidar da família. Ouça a voz dEle antes que o médico entre na sala com notícias de descrença e de dúvida.

Ouça a voz dEle antes que os outros tenham a oportunidade de afetá-lo.

Ouça a voz dEle, em vez das palavras críticas de outras pessoas que desejam tirar seu foco e destruir sua auto-confiança.

Ouça a voz dEle, e suas atitudes mudarão milagrosamente em direção à fé, à vitória e à esperança.

Ouça a voz dEle antes de ouvir a voz dos céticos. Sua fé é o portão para seu futuro.

Ouça a voz dEle antes de ouvir as idéias e sugestões daqueles próximos a você. As idéias não são ordens.

Ouça a voz dEle antes de comprometer seu tempo, seu dinheiro ou seu entusiasmo com os homens.

Ouça a voz dEle antes de fazer qualquer mudança drástica e significativa em sua vida ou em seu ministério.

O reconhecimento da voz dEle permite que você saiba qual é sua tarefa, que conheça as armadilhas e que revele sua fé para a próxima estação de realizações de sua vida.

12 Fatos Que Você Deve Saber Sobre O Espírito Santo

1. O Espírito Santo É Uma Pessoa, Não Um Fogo, Um Vento Ou Uma Pomba Branca. "E eu pedirei ao Pai, e ele lhes dará outro Conselheiro para estar com vocês para sempre", (Jo 14:16). **2. O Espírito Santo Criou Você.** "O Espírito de Deus me fez; o sopro do Todo-poderoso me dá vida", (Jó 33:4). O Apóstolo Paulo escreve: "O Espírito vivifica", (2 Co 3:6). Jesus nos deixou este ensinamento: "O Espírito vivifica", (Jo 6:63). **3. O Espírito Santo É Autor da Palavra de Deus.** "Jamais a profecia teve origem na vontade humana, mas homens falaram da parte de Deus, impelidos pelo Espírito Santo", (2 Pe 1:21).

O Apóstolo Paulo nos ensina que "toda a Escritura é inspirada por Deus e útil para o ensino, para a repreensão, para a correção e para a instrução na justiça, para que o homem de Deus seja apto e plenamente preparado para toda boa obra", (2 Tm 3:16-17).

4. O Espírito Santo Seleciona Os Dons E As Habilidades Concedidos A Você Pelo Pai. "Há diferentes tipos de dons, mas o Espírito é o mesmo. Há diferentes tipos de ministérios, mas o Senhor é o mesmo. Há diferentes formas de atuação, mas é o mesmo Deus quem efetua tudo em todos. A cada um, porém, é dada a manifestação do Espírito, visando ao bem comum. Pelo Espírito, a um é dada a palavra de sabedoria; a outro, pelo mesmo Espírito, a palavra de conhecimento; a outro, fé, pelo mesmo Espírito; a outro dons de curar, pelo único Espírito", (1 Co 12:4-9).

5. O Espírito Santo Determina A Quem Você Será Enviado, Em Determinado Momento Ou Por Toda A Sua Vida. "E o Espíroito disse a Filipe: 'Aproxime-se dessa carruagem e acompanhe-a'", (At 8:29).

6. O Espírito Santo Sabe A Localização Geográfica Em Que Seus Dons Irão Florescer. "Enviados pelo Espírito Santo, desceram a Selêucia e dali navegaram para Chipre", (At 13:4).

7. O Espírito Santo Faz Brotar Um Amor Extraordinário Por Aqueles Para Os Quais Você Foi Chamado. "E a esperança não nos decepciona, porque Deus derramou seu amor em nossos corações, por meio do Espírito Santo que ele nos concedeu", (Rm 5:5).

8. O Espírito Santo Se Agrada de Louvores E de Adoração. "O SENHOR, o seu Deus, está em seu meio, poderoso para salvar. Ele se regozijará em você; com o seu amor a renovará, ele se regozijará em você com brados de alegria", (Sf 3:17).

As regras de conduta dele incluem entrar em sua presença com alegria. "Prestem culto ao SENHOR com alegria; entrem na sua presença com cânticos alegres", (Sl 100:2).

9. O Espírito Santo Intercede Por Você A Cada Momento. "O Espírito nos ajuda em nossa fraqueza, pois não sabemos como orar, mas o próprio Espírito intercede por nós com gemidos inexprimíveis", (Rm 8:26).

10. O Espírito Santo É Facilmente Ofendido. "Nenhuma palavra torpe saia da boca de vocês, mas apenas a que for útil para edificar os outros, conforme a necessidade, para que conceda graça aos que a ouvem. Não entristeçam o Espírito Santo de Deus, com o qual vocês foram selados para o dia da redenção. Livrem-se de toda amargura, indignação e ira, gritaria e calúnia, bem como de toda maldade. Sejam bondosos e compassivos uns para com os outros, perdoando-se mutuamente, assim como Deus os perdoou em Cristo", (Ef 4:29-32).

11. Quando O Espírito Santo É Ofendido, Ele Retira Sua Presença Manifesta. "Então voltarei ao meu lugar até que eles admitam sua culpa. Eles buscarão a minha face; em sua necessidade eles me buscarão ansiosamente", (Os 5:15). A depressão é a prova de sua retirada.

12. A Alegria É A Prova de Que O Espírito Santo Está Presente. "Tu me farás conhecer a vereda da vida, a alegria plena da tua presença, eterno prazer à tua direita", (Sl 16:11).

A maior descoberta de minha vida foi a habitual companhia do Espírito Santo, aquele que permaneceu.

O Reconhecimento da Voz do Espírito Santo É O Maior Segredo da Vida.

≈ 3 ≈

RECONHECIMENTO DE SUA MISSÃO

Você Está Aqui Em Missão. Tudo que Deus criou é a solução para um problema. Seus olhos vêem. Seus ouvidos ouvem. As mães resolvem problemas emocionais. Dentistas resolvem problemas de dentes. Advogados resolvem problemas legais. *Sua Missão na terra é resolver um problema para alguém, em algum lugar, e receber uma recompensa por isso.* "Cada um deve permanecer na condição em que foi chamado por Deus", (1 Co 7:20). Quando sua missão não é reconhecida, você não é respeitado. Quando você não é respeitado, também não é recompensado. *Nenhum Tormento Sobre A Terra Se Compara Com O Tormento de Viver Uma Vida Não Recompensada Pelo Dom E Pela Solução Que Se Encontram Ocultos Dentro de Você.*

10 Fatos Que Você Deve Saber Sobre Sua Missão

1. **Sua Missão Sempre Será A Favor de Uma Pessoa Ou de Um Povo.** "A todos a quem eu o enviar, você irá e dirá tudo o que eu lhe ordenar", (Jr 1:7).

Paulo compreendeu isso: "Deste evangelho fui

constituído pregador, apóstolo e mestre", (2 Tm 1:11). **2. Sua Missão Determina O Sofrimento E Os Ataques Que Você Irá Encontrar.** Quando Paulo descreveu seu compromisso como pregador e mestre, ele explica: "Por essa causa também sofro, mas não me envergonho, porque sei em quem tenho crido e estou bem certo de que ele é poderoso para guardar o que lhe confiei até aquele dia", (2 Tm 1:12). **3. O Que O Aflige Indica A Missão Que Lhe Foi Atribuída.** Neemias compreendeu isso: "'O muro de Jerusalém foi derrubado, e suas portas foram destruídas pelo fogo'. Quando ouvi essas coisas, sentei-me e chorei. Passei dias lamentando-me, jejuando e orando ao Deus dos céus", (Nh 1:3-4). A compaixão é sempre uma indicação da localização geográfica a qual você pertence. O que o faz *lamentar* indica o problema que Deus o habilitou a *resolver*. **4. O Que Você Mais Ama Revela Seus Maiores Dons.** A paixão é o caminho para a Sabedoria. As coisas sobre as quais você gosta de *conversar, pensar e aprender*: esse será o lugar de sua missão. Você terá Sabedoria apenas para aquilo que amar.

O que você mais ama?

Quando descubro a obra na qual você está disposto a investir seu *tempo,* descubro também o que você *ama*. Essa é sua Missão. É por isso que Moisés estava disposto a aconselhar as pessoas desde o amanhecer até o anoitecer; ele amava seu povo de todo o coração (ver Êx 18:13-14). **5. Sua Missão É Geográfica.** O lugar em que você está importa tanto quanto o que você é. Você pode ser uma linda baleia, mas é melhor que esteja na água! A geografia importa. Ela controla o fluxo do favor em sua vida.

Quem Vê Seu Trabalho É Que O Irá Promover. Raramente você receberá favor de alguém que não o veja. A geografia afeta a intensidade do favor. É por isso que Jesus ensinou a ir aonde somos *respeitados,* em vez de ir aonde somos apenas *tolerados.* Abraão deixou a casa de seu pai. Rute deixou Moabe e seguiu Noemi de volta a Belém. A *geografia* exerce um papel fundamental em toda história de sucesso (ver Dt 12:14, 26).

6. Você Somente Será Bem-Sucedido Quando Sua Missão Se Tornar Uma Obsessão. Isso explica a notável façanha do Apóstolo Paulo: "Irmãos, não penso que eu mesmo já o tenha alcançado, mas uma coisa faço: esquecendo-me das coisas que ficaram para trás e avançando para as que estão adiante, prossigo para o alvo, a fim de ganhar o prêmio do chama do celestial de Deus em Cristo Jesus", (Fp 3:13-14).

7. Sua Missão Exigirá Fases de Preparação. "Procure apresentar-se a Deus aprovado, como obreiro que não tem do que se envergonhar e que maneja corretamente a palavra da verdade", (2 Tm 2:15). Você experimentará fases de insignificância, isolamento, espera, bem-estar, perseguição, injustiça, silêncio e promoção. Jesus investiu trinta anos na preparação de três anos e meio de ministério (ver Lc 3:23).

8. Sua Missão Pode Ser Mal Compreendida Pela Sua Família E Por Aqueles Próximos A Você. Jesus experimentou isso, "pois nem os seus irmãos criam nele", (Jo 7:5). Esteja ciente de que você não é igual aos outros. *Deus lhe deu uma família a fim de lhe preparar para enfrentar o inimigo.* Tudo que aparecer em seu futuro já está em sua casa. Seja o Judas ou o duvidoso Tomé! *Sua família é sua escola.*

Sua família deseja vê-lo *humilhado.*

Seu inimigo deseja vê-lo *destruído.*

Sua sobrevivência em família é a prova e que você sobreviverá muito bem no futuro!

9. Sua Missão Sempre Terá Um Inimigo. O servo não está acima de seu senhor. Jesus declarou: "Se o mundo os odeia, tenham em mente que antes me odiou. Se vocês pertencessem ao mundo, ele os amaria como se fossem dele. Todavia, vocês não são do mundo, mas eu os escolhi, tirando-os do mundo; por isso o mundo os odeia [...] Nenhum escravo é maior do que o seu senhor. Se me perseguiram, também perseguirão vocês", (Jo 15:18-21). Seus inimigos são tão necessários como seus amigos.

Seus amigos proporcionam *conforto.*

Seu inimigo oferece *promoção.*

Os inimigos transformam desconhecidos em pessoas famosas. A *única diferença entre a obscuridade e a significância é o inimigo que você decide vencer.* Sem Golias, Davi permaneceria oculto nas páginas da história, como um pastorzinho vagando pelos montes. (Veja o capítulo sobre "Reconhecimento do inimigo que Deus usará para promover você".)

10. Sua Missão Coincide Com O Única Lugar Em Que Sua Provisão Financeira Está Garantida. Deus instruiu a Elias para ir ao riacho onde um corvo o alimentaria (ver 1 Rs 17). Lá, ele recebia sua provisão diária. Certo dia, o riacho secou. Por quê? Sua missão havia mudado. *A falta de algo indica que Deus está mudando sua missão.* A nova missão de Elias era visitar Sarepta, onde uma viúva faminta receberia um milagre financeiro a partir do que lhe restava de alimento. Quando Deus o envia a um lugar, a provisão é o incentivo à obediência. Milhares de pessoas estão descobrindo sua missão na terra nestes dias. A alegria delas está explodindo. A paz que desfrutam é como uma nuvem de glória ao redor da vida delas. A depressão some. O medo se dissipa. Favor incomum entra em sua vida diariamente, porque elas estão no lugar certo para desempenhar sua missão.

Reconhecer Sua Missão Fará Secar Todas As Lágrimas, Aliviará Seus Fardos E Restaurará A Alegria Em Seu Semblante.

❧ Proverbes 4:10-13; 11:14 ❧

"Ouça, meu filho, e aceite o que digo, e você terá vida longa. Eu o conduzi pelo caminho da sabedoria e o encaminhei por veredas retas. Assim, quando você por elas seguir, não encontrará obstáculos; quando correr, não tropeçará. Apegue-se à instrução, não a abandone; guarde-a bem, pois dela depende a sua vida. Sem diretrizes a nação cai; o que a salva é ter muitos conselheiros".

4

RECONHECIMENTO DE UM ORIENTADOR EXCEPCIONAL

Orientadores São Mestres da Sabedoria. Vários orientadores (também conhecidos como mentores) entrarão e sairão de sua vida. O Espírito Santo é seu Orientador dominante e o mais importante de todos (ver Jo 14:15-16).

A Sabedoria determina o sucesso de sua vida. Existem duas maneiras de receber a Sabedoria:

1. Erros
2. Orientadores

Os orientadores são a diferença entre a pobreza e a prosperidade; a redução e o aumento; a perda e o ganho; a dor e o prazer; a deterioração e a restauração.

12 Fatos Que Você Deve Saber Sobre Orientadores Excepcionais

1. O Orientador Excepcional É O Maior Segredo Para O Sucesso do Discípulo (Ou Orientado). "A sabedoria é a coisa principal", (Pv 4:7).

2. O Orientador Excepcional Transfere Sabedoria Por Meio do Relacionamento. "Aquele que anda com os sábios será cada vez mais sábio", (Pv 13:20). Josué sabia disso: "Ora, Josué, filho de Num, estava cheio do Espírito de sabedoria, porque Moisés tinha imposto as suas mãos sobre ele", (Dt 34:9).

3. O Orientador Excepcional Garante Promoção Para Você. "Dedique alta estima à sabedoria, e ela o exaltará; abrace-a, e ela o honrará. Ela porá um belo diadema sobre a sua cabeça e lhe dará de presente uma coroa de esplendor", (Pv 4:8-9).

4. O Orientador Excepcional Pode Determinar A Riqueza Que Você Terá. "Comigo estão riquezas e honra, prosperidade e justiça duradouras", (Pv 8:18).

5. O Orientador Excepcional Pode Paralisar Os Inimigos Que Vêm Contra Você. "Eu lhe darei palavras e sabedoria a que nenhum dos seus adversários será capaz de resistir ou contradizer", (Lc 21:15).

6. O Orientador Excepcional Pode Fazer Que Pessoas Influentes Ouçam Você. "Ora, Josué, filho de Num, estava cheio do Espírito de sabedoria, porque Moisés tinha imposto suas mãos sobre ele. De modo que os Israelitas lhe obedeceram e fizeram o que o SENHOR tinha ordenado a Moisés", (Dt 34:9).

7. O Orientador Excepcional Exigirá Que Você O Procure. Ele não precisa do que você sabe. Você precisa do que ele sabe. Elias nunca foi atrás de Eliseu. Eliseu desejou o que estava em Elias. *A Prova do Desejo É A Busca.*

8. O Orientador Excepcional Está Mais Interessado Em Seu Sucesso Que Em Sua Afeição Por Ele. O foco dele não é receber honorários, mas educar você.

9. O Orientador Excepcional Não É

Necessariamente Seu Melhor Amigo. Seu melhor amigo ama você do jeito que é. Seu Orientador ama você demais para deixá-lo do jeito que é.

Seu Melhor Amigo se sente confortável com seu *passado*. Seu Orientador se sente confortável com seu *futuro*.

Seu Melhor Amigo *ignora* sua fraqueza. Seu Orientador *remove* sua fraqueza.

Seu Melhor Amigo é seu *líder de torcida*. Seu Orientador é seu *técnico*.

Seu Melhor Amigo destaca o que você faz *corretamente*. Seu Orientador destaca o que você fa *equivocadamente*.

10. O Orientador Excepcional Vê As Coisas Que Você Não Vê. Ele vê as fraquezas que há em sua vida antes que você sofra com elas. Ele vê o inimigo antes de você discerni-lo. Ele já experimentou a dor de um problema que você está prestes a criar.

11. O Orientador Excepcional Se Tornará Um Inimigo Para Os Inimigos de Seu Protegido. Jesus provou isso: "Simão, Simão, satanás pediu você para peneirálos como trigo. Mas eu orei por você, para que a sua fé não desfaleça. E quando você se converter, fortaleça os seus irmãos", (Lc 22:31-32). O orientador excpecional lutará contra qualquer filosofia, quaisquer armadilhas ou preconceitos que tentem impedir que seu Orientado experimente o sucesso completo na vida.

12. O Orientador Excepcional Pode Criar Um Discípulo Excepcional. Jesus tomou um pescador, Pedro, e transformou-o em um pregador magistral. Tudo que você sabe já passou por um processo de Orientação, por uma experiência ou por uma pessoa.

Invista tudo para passar mais tempo com Orientador excepcional que Deus escolheu para semear em sua vida.

O Reconhecimento de Um Orientador Excepcional Evitará Muitos Sofrimentos.

〜 5 〜

Reconhecimento de Um Discípulo Excepcional

---◆▷•◉•◁◆---

O Discípulo É Um Aprendiz Entusiástico. A Sabedoria do Orientador é perpetuada através do Discípulo. Como venho dizendo há muitos anos, o verdadeiro sucesso produzirá um Sucessor. Jesus tomou doze Discípulos e revolucionou o mundo. É fundamental que você reconheça aqueles que estão ligados a você, pelo Espírito Santo, para a multiplicação e a perpetuação de seu sucesso e de sua vida. *Você se lembrará apenas daquilo que ensina aos outros.* Nossos filhos devem se tornar nossos Discípulos.

Os Discípulos *passivos* buscam a credibilidade, não a correção. Eles usarão o nome e a influência do Orientador para manipular os outros em algum relacionamento. Eles desejam o que o Orientador conseguiu, não o que ele aprendeu. Eles desejam reputação *sem* preparação.

Os Discípulos *pródigos* entram e saem livremente do relacionamento. Quando uma correção severa é aplicada, procuram outro Orientador que ainda não descobriu suas falhas. Eles se distanciam quando seus Orientadores enfrentam dificuldades pessoais, perda de credibilidade, falsa acusação ou perseguição. Eles só voltarão quando o chiqueiro se tornar insuportável.

Os Discípulos produtivos são excepcionais. Eles possuem coração de servo. Eles nunca tomam uma decisão sem o conselho e o *feedback* do Orientador. Visualizam o Orientador como um presente dominante de Deus. Amam o Orientador do mesmo modo como amam a si mesmos. *Os Discípulos excepcionais* atribuídos por Deus honrarão o Orientador. "Agora lhe pedimos, irmãos, que tenham consideração para com os que se esforçam no trabalho entre vocês, que os lideram no Senhor e os aconselham. Tenham-nos na mais alta estima, com amor, por causa do trabalho deles. Vivam em paz uns com os outros", (1 Ts 5:12-13).

9 Fatos Sobre O Discípulo Excepcional

1. O Discípulo Excepcional Faz de Tudo Para Permanecer Na Presença do Orientador. Rute persistiu: "Não insistas comigo que te deixe e que não mais te acompanhe. Aonde fores irei, onde ficares ficarei!", (Rt 1:16).

2. O Discípulo Excepcional Segue O Conselho do Orientador. Deus estabeleceu a punição de um Discípulo rebelde que zombava de seus conselhos. "Quem agir com rebeldia contra o juiz ou contra o sacerdote que ali estiver no serviço do SENHOR, terá que ser morto. Eliminem o mal do meio de Israel. Assim, todo o povo temerá e não ousará mais agir com rebeldia", (Dt 17:12-13).

3. O Discípulo Excepcional Revela Os Segredos E Os Sonhos de Seu Coração Ao Orientador. Rute abriu seu coração para Noemi. Eliseu expressou seus desejos a Elias. A vulnerabilidade cria um vínculo inquebrável entre o Orientador e o Discípulo.

4. O Discípulo Excepcional Discute Livremente Seus Erros E Suas Dores Com O Orientador. Davi agiu assim: "Depois que fugiu, Davi foi falar com Samuel em Ramá e lhe contou tudo o que Saul lhe havia feito. Então ele e Samuel foram a Naiote e ficaram lá", (1 Sm 19:18).

5. O Discípulo Excepcional Define Claramente Suas Expectativas Para O Orientador. Eliseu explicou seu desejo a Elias. Rute explicou seu desejo a Noemi.

6. O Discípulo Excepcional Semeia Alegremente As Sementes de Apreciação de Volta Para A Vida do Orientador. Esse era o segredo da rainha de Sabá. Ela deu um presente de mais de 4 milhões de dólares a Salomão. "Quando chegou, acompanhada de uma enorme caravana, com camelos carregados de especiarias, grande quantidade de ouro e pedras preciosas, fez a Salomão respondeu a todas; nenhuma lhe foi tão difícil que não pudesse responder [...] E ela deu ao rei quatro mil e duzentos quilos de ouro e grande quantidade de especiarias e pedras preciosas. Nunca mais foram trazidas tantas especiarias quanto as que a rainha de Sabá deu ao rei Salomão", (1 Rs 10:2-3, 10).

Paulo, o Orientador inesquecível, recebeu presentes: "Estando eu em Tessalônica, vocês me mandaram ajuda, não apenas uma vez, mas duas, quando tive necessidade", (Fp 4:16).

7. O Discípulo Excepcional Recebe, No Final, O Manto do Orientador. A transferência da unção é um fato, não uma fantasia. O Apóstolo Paulo documentou isso: "Torno a lembrar-lhe que mantenha viva a chama do dom de Deus que está em você mediante a imposição das minhas mãos", (2 Tm 1:6).

8. O Discípulo Excepcional Procura O Abrigo do Orientador Nos Períodos de Grandes Ataques E Lutas. A imagem do relacionamento entre Davi e Samuel é marcante: "Depois que fugiu, Davi foi falar com Samuel em Ramá, e lhe contou tudo o que Saul havia feito. Então ele e Samuel foram a Naiote e ficaram lá", (1 Sm 19:18). Pense seriamente sobre isso: durante um grande ataque, Davi não se retirou da presença de Samuel. Ele o procurou. Ele investiu *tempo* em seu Orientador.

9. O Discípulo Excepcional Mudará Sua Programação Para Ficar Mais Tempo Na Presença do Orientador. Paulo agiu assim: "Tampouco subi a Jerusalém para ver os que já eram apóstolos antes de mim, mas de imediato parti para a Arábia, e voltei outra vez a Damasco. Depois de três anos, subi a Jerusalém para conhecer Pedro pessoalmente, e estive com ele quinze dias", (Gl 1:17-18).

O Discípulo Excepcional é alguém que discerne, respeita e busca respostas que Deus tem armazenadas no Orientador.

O Que Fazer Quando O Relacionamento Orientador/Discípulo Está Ameaçado

Satanás despreza a unidade.

Ele teme a Lei do Acordo. Ele investirá tudo para destruir a transferência de Sabedoria.

Os Orientadores ficam tristes quando um Discípulo se retira. Tenho certeza de que Paulo ficou triste com o fato de Demas o abandonar. O pai ficou triste com a partida do filho pródigo. Jesus chorou por causa de Jerusalém (ver Mt 23).

Aqui estão alguns pensamentos que têm me ajudado quando um Discípulo se retira:

► Você não pode *forçar* alguém a aprender com você. Nem Jesus fez isso e você também não poderá fazer.

► Normalmente, existe uma terceira parte que destrói unidade entre o Orientador e o Discípulo. Se o Discípulo ficar exposto a isso, será impossível corrigi-lo.

► Você não pode responder perguntas que o Discípulo se recusa a fazer.

► Você não pode ajudar alguém que acha que você é desqualificado para trazer crescimento à vida dele.

► O Discípulo se retira quando acredita que os objetivos dele são superiores aos do Orientador.

► O Discípulo se torna desencorajado quando o Orientador expressa desapontamento para com ele.

► Quando o conselho do Orientador é rejeitado, Deus corrigirá o Discípulo por meio de experiências dolorosas.

► A Lei da Repetição é necessária no processo de aprendizagem.

Oral Roberts disse: "Quando você se cansar de dizer o que está dizendo, estará apenas começando a aprender. Quando seu pessoal estiver cansado de ouvir que você está ensinando algo, estarão apenas começando a aprender. E quando ficarem cansados de ouvir você dizer algo, estaráo apenas começando a compreender".

► O Discípulo não é necessariamente o

confidente do Orientador.
▶ As perguntas devem ser direcionadas ao Orientador.
▶ As respostas devem ser direcionadas ao Discípulo.

A Maior Qualidade do Sucesso Conhecida É A Prontidão Em Se Tornar Algo.

O Reconhecimento de Um Discípulo Excepcional Criará Um Contentamento Interno Que Nenhuma Outra Realização Pode Produzir.

⚍ 6 ⚎

Reconhecimento do Parceiro que Deus Aprovou Para Você

Você Foi Criado Para Se Relacionar. Os olhos precisam de uma vista. Os ouvidos precisam de um som. A mente precisa de pensamentos.

O isolamento produz vulnerabilidade. Deus sabia disso: "Então o Senhor Deus declarou: 'Não é bom que o homem esteja só'", (Gn 2:18).

Deus ama o casamento. Ele odeia o divórcio. O casamento não consiste meramente em um centro de reprodução para bebês humanos.

O casamento é o solo fértil onde você semeia sua paciência, seu amor e seu entusiasmo e os observa se multiplicando nas pessoas ao seu redor.

Deus Nunca Lhe Dará Um Presente Que Substitua A Presença Dele. É por isso que seu cônjuge não foi criado para produzir sua alegria. A presença de Deus é que produzirá alegria em você. "Tu me farás conhecer a vereda da vida, a alegria plena da tua presença, eterno prazer à tua direita", (Sl 16:11). Algo que é pleno implica "que tal coisa não precisa de nada para completá-la".

Seu cônjuge é um presente de Deus para você. Esse presente tem os seguintes propósitos: 1) proteger seu foco; 2) reduzir suas distrações; 3) criar um clima de proteção.

Foco sempre produz cegueira. Quando você está olhando para o norte, não consegue ver o sul. Outra pessoa é necessária para sua proteção. Foi por isso que Deus providenciou esse presente, que é o seu cônjuge.

Infelizmente, alguns que se qualificam para receber nossa atenção estão desqualificados para receber nosso coração.

Depois de passar os últimos vinte anos solteiro, tive duas décadas para meditar, observar e analisar os fracassos e os sucessos dos relacionamentos.

Aqui estão algumas sugestões de dois livros que estou escrevendo: 1) *Pense Duas Vezes Antes de Se Casar Com Ele;* 2) *Pense Duas Vezes Antes de Se Casar Com Ela.*

1. Pense Duas Vezes Se Você Não Tem Verdadeira Paixão A Oferecer. A Prova do Amor É O Desejo de Dar. Jesus explicou isso; "Deus tanto amou o mundo que deu o seu Filho Unigênito...", (Jo 3:16).

Quase sempre, o casamento se torna uma troca. A troca é a evidência de uma relação de negócios, não de amor.

Você deve desejar dar Tempo, o maior dom que Deus lhe deu.

A Prova do Amor Excepcional É O Investimento de Tempo.

2. Pense Duas Vezes Se Ela Não Tem Verdadeira Paixão Para Lhe Dar Em Troca. Não estou me referindo a presentes caros, grandes quantidades de dinheiro ou roupas. O ouvido atento, flexibilidade, paciência e disposição para ser corrigido também são presentes.

3. Pense Duas Vezes Se Suas Realizações Pessoais Não Produzem Entusiasmo Na Outra Pessoa. Quando coisas boas acontecem, qual a primeira pessoa para quem você deseja telefonar? Preste atenção nisso. *A Celebração É Uma Bússola.* Aquelas pessoas com as quais você gosta de comemorar suas vitórias são uma peça fundamental para o quebra-cabeça de sua vida. Quando o amor excepcional existe, uma grande celebração é normal. O amor excepcional não compete com o sucesso do outro. Ele experimenta, saboreia e desfruta o prazer do outro.

4. Pense Duas Vezes Se A Outra Pessoa Não Se Sente Cativada Pelas Coisas Que Cativam Você. Há vários anos, uma mulher me empolgou. Mas o relacionamento era complicado. Alguma coisa simplesmente parecia não "afinar". Ela não gostava de se sentar comigo quando eu escrevia meus livros. Ela gostava mais de divertir-se que de estar na presença do Espírito Santo, no Lugar Santíssimo. Um ministro amigo meu explicou o que acontecia: "Mike, ela simplesmente não é cativada por aquilo que você é". Não é o bastante seu cônjuge ser cativado apenas por você; *ele deve ser sensível pela mesma coisa que sensibiliza você.*

Sempre falo em conferências de mulheres. Sempre enfatizo que você não pode conhecer um homem se apenas o *estudar.* Você o conhecerá se *estudar seu foco.*

5. Pense Duas Vezes Se Você Perdeu O Desejo de Impressioná-La. Observei uma esposa fazer um aceno de despedida para o marido certa manhã. Ela ficou na frente da porta acenando. Havia botões faltando em seu roupão, um bolso rasgado, restos de comida e bobes no cabelo: ela era tudo que um homem gostaria de esquecer. Compreendi facilmente por que ele parecia tão feliz de estar saindo de casa para um lugar em que alguém provavelmente o saudaria à porta com um belo sorriso, roupas impecáveis e perfume para *impressioná-lo*.

Você é um sistema ambulante de mensagens para aqueles a quem ama. Você voaria em um avião com assentos quebrados, ovo na gravata do piloto, botões faltando e assentos rasgados? Claro que não. Você iria pensar: "Sera, que o motor também está assim?".

Alguma coisa está errada quando você não deseja mais apresentar as melhores coisas ao seu Cônjuge.

Fiquei impressionado um dia quando vi a esposa de um amigo colocar na mesa a mais cara prataria e a mais fina porcelana para ele. Ela me explicou: "A pessoa mais especial em minha vida é meu marido. Nunca iria reservar uma bela prataria para um visitante ocasional se meu marido é o rei desta casa".

6. Pense Duas Vezes Se A Pessoa Nunca Faz Perguntas Relacionadas A Seus Maiores Sonhos E Objetivos. As perguntas revelam desejo. As perguntas revelam humildade.

7. Pense Duas Vezes Se A Pessoa Ignora Um Conselho Digno de Orientadores Qualificados. Quem são os *heróis* do seu cônjuge? Você se torna semelhante àqueles que admira. Você se apropria dos hábitos daqueles que você inveja. Quem é o *Orientador* dominante dele? Aos pés de quem ele se senta para ouvir com real interesse? O Orientador é uma profecia a respeito do Discípulo. Se ele se rebela contra o conselho do pastor, essa relação é frágil e desaconselhável. A tragédia está por vir.

8. Pense Duas Vezes Se A Pessoa Ainda Não Impressionou O Pastor. Eu me senti atraído por uma moça e fui até o pastor e sua esposa perguntar sobre ela. Eles trocaram olhares e disseram mansamente: "Ela ainda tem muito a aprender e melhorar até chegar lá". Entendo *conversa de pastor.* Eles quiseram dizer que ela estava muito distante de onde deveria estar.

9. Pense Duas Vezes Se Você Não Enxerga Melhoria Constante No Relacionamento. A melhoria é revelada pela *redução de conflitos.* O conflito ocorre por causa de objetivos, filosofias ou crenças opostas. A união deve aumentar a unidade e reduzir o número de brigas e discussões.

A Briga É Evidência de Sistemas de Crenças Opostos.

10. Pense Duas Vezes Se A Pessoa Demonstra Pouco Sofrimento Ou Remorso Quanto Aos Erros E Pecados Passados. Aqueles que estão realmente arrependidos ficam sentidos de verdade. As pessoas arrependidas não são arrogantes. Não culpam as outras por suas decisões. As lembranças dos erros *devem* produzir tristeza e angústia. Quando o arrependimento não é expressado, a ofensa normalmente é repetida. Algumas pessoas nunca se arrependem de erros do passado. Por quê? Elas não provaram as dolorosas conseqüências de sua rebelião. Não têm verdadeiro temor a Deus. Acreditam estar acima de qualquer julgamento. É fútil o relacionamento com alguém que não irá demonstra temer a Deus.

A Conduta Não Corrigida Se Torna Conduta Repetida. O *temor a Deus* mantém o parceiro fiel. A beleza não. Uma moça certa vez me explicou: "Quero permanecer linda para que ele nunca olhe para outra mulher". Que tola! *Sua* beleza não irá deixar *outra* mulher feia.

A beleza não pode garantir fidelidade.

O temor a Deus nos mantém fiéis.

Alguns dos melhores artigos escritos estão em revistas de mulheres. Porém, me entristece profundamente observar alguns orientadores de mulheres ensinando a arte da manipulação, da intimidação e da decepção para enganar os homens que elas estão tentando conquistar. *Você nunca respeitará alguém que seja capaz de enganar.*

11. Pense Duas Vezes Se A Pessoa Gosta do Clima E da Atmosfera Dos Rebeldes. Conheci uma garota surpreendente que era muito comunicativa, impressionante, cheia de classe, elegante, inteligente. Apesar de tudo, algo não me parecia muito certo, mas ignorei o fato. Um dia, ela exclamou com muita empolgação: "Adoro trabalhar com homossexuais. Eles são muito agradáveis. Prefiro trabalhar com eles que com qualquer outro tipo de pessoa". Ela era insensível ao pecado.

É claro que Deus ama a todos nós, independentemente de nosso pecado. No entanto, qualquer coisa que aflija o coração de Deus deve nos afligir também.

Qualquer coisa que aborreça a Deus deve aborrecer você.

Qualquer coisa que entristeça a Deus deve entristecer você.

Se você insistir em namorar alguém que se sente

confortável com rebelião, teimosia, arrogância, desprezo de Deus...você sofrerá muito. Uma atriz que conheci parecia amar a Deus de todo o coração. Eu a ouvia dizer continuamente: "Meu melhor amigo isso...meu melhor amigo aquilo...temos sido bons amigos por muitos anos...". Depois, descobri que o melhor amigo dela estava vivendo com um homem havia catorze anos. O melhor amigo dela zombava das leis de Deus, reduzia a nada os pregadores e considerava a vida santa uma piada! Aquele era seu melhor amigo! Ela se sentia completamente confortável na presença de alguém que vivia rebelado contra Deus. Um relacionamento divino entre nós foi impossível.

12. Pense Duas Vezes Se A Atmosfera Dos Não-Crentes Empolga Seu Parceiro. Certa vez, ouvi a esposa de um pregador dizer: "Gusto muito de ir aos *shows* em Las Vegas. Gosto do Tom Jones e de todo aquele ambiente! Ele me deixa muito empolgada!" Você acha que fiquei surpreso com o divórcio deles algum tempo depois? Claro que não. A atmosfera dos não-crentes empolgava a carnalidade dela, e ela a alimentava.

Você não tem futuro com alguém que insiste em abastecer sua paixão na atmosfera dos não-crentes.

13. Pense Duas Vezes Se A Pessoa Tiver Obsessão Em Atrair A Atenção do Sexo Oposto. Algumas mulheres ficam infelizes se nenhum homem gravitar ao seu redor fazendo dela o "centro das atenções". Também já conheci homens que não conseguem passar por um espelho sem parar, observar-se por algum tempo e ficar hipnotizados pela própria beleza.

14. Pense Duas Vezes Se Infringir A Lei É Algo Divertido E Engraçado Para Seu Cônjuge. Quando vejo um detector de radares no painel de um carro, reconheço que estou na presença de alguém que menospreza o limite, zomba da lei e deseja que o mundo todo saiba disso.

15. Pense Duas Vezes Se A Outra Pessoa Demonstra Pouco Respeito Quanto Aos Horários E À Programação Dos Outros. Certa vez, namorei uma moça um bom tempo. Uma noite, tive de esperar por ela 45 minutos no restaurante. Quando finalmente chegou, toda arrumada, explicou-me:

"Bem, é que eu encontrei um amigo que não via desde muito tempo e simplesmente me esqueci da hora. Desculpe!".

E eu respondi: "Compreendo. Fiquei esperando durante 45 minutos. Lamento que a presença de outra pessoa tenha feito você esquecer de mim. Tenho certeza de que Deus tem alguém melhor para seu futuro". Isso foi tudo.

Seu respeito pela programação dos outros revela muito sobre seu jeito de ser.

16. Pense Duas Vezes Quando Estiver Óbvio Que Você Nunca Se Tornará O Foco E O Compromisso da Outra Pessoa. Essa pessoa pode desfrutar de sua presença, rir com você e até mesmo gostar de você. Ela pode ser totalmente confiável para compartilhar as coisas. Mas ser um cônjuge é outra história. Quando Deus lhe dá um cônjuge, essa pessoa se torna seu compromisso. A esposa de um jovem pregador estava claramente inquieta e frustrada. Enquanto voltávamos para casa depois de uma campanha tarde da noite, ela olhou para mim com grande exasperação e disse: "Preciso descobrir qual é meu compromisso!". Respondi mansamente: "Esse compromisso está ao seu lado. Deus o chama de *sue marido*. Ele é seu compromisso. Você é o compromisso dele". Infelizmente, já vi muita frustração. Muitos casamentos de ministros estão fragmentados nos dias de hoje. Grandes homens e mulheres de Deus são infelizes no casamento. Publicamente, a vida deles parece glamourosa e feliz. Muitos são até famosos, bem conhecidos. Mas desprezam o casamento porque cessaram de ver *o outro* como sue verdadeiro compromisso.

17. Pense Duas Vezes Se A Outra Pessoa Costuma Acusar Você Antes de Ter Ouvido Seu Lado da História. De vez em quando, a lealdade é testada e exposta. A fraqueza de meu casamento ficou exposta certa vez. Meu telefone tocou tarde da noite. Minha esposa atendeu. Pouco depois desligou e ficou furiosa. Ela nem me perguntou se os detalhes da situação eram *confiáveis*. Nunca considerou que as pessoas poderiam estar mentindo ou desinformadas. Foi constrangedor! O que concluí com tudo aquilo? *Que a verdade* não era a prioridade dela. Minha opinião não era importante. Foi uma revelação decepcionante, pois percebi que outras pessoas poderiam mentir sobre mim, e minha explicação não teria nenhum valor e nenhum crédito.

18. Pense Duas Vezes Se A Outra Pessoa Não Tiver Saído de Relacionamentos Anteriores de Forma Pacífica. Há pessoas que amam brigar. Tentam destruir qualquer coisa que não conseguem possuir ou controlar. A paz as aborrece. O silêncio lhes causa enjôo. A guerra é seu combustível. Suas palavras testam os limites dos que estão ao seu redor. Será impossível ter um casamento agradável com esse tipo de pessoa.

19. Pense Duas Vezes Se Os Pais da Outra Pessoa Desprezam Você Ou Seu Compromisso de Vida. A influência familiar é mais poderosa do que podemos imaginar. É algo espiritual. É uma ligação de espírito. O próprio Deus criou isso. Então, você pode se casar com um rebelde que despreza até mesmo os pais dele...mas quando a crise vier, ele se voltará para a família em busca de afirmação. Se você se casar com alguém cujos pais parecem apenas tolerar você por causa de sua pouca instrução, classe social baixa ou finanças limitadas, lembre-se de que eles serão a *terceira parte* a influenciar o coração de seu parceiro.

20. Pense Duas Vezes Se A Outra Pessoa Tem Dificuldades Para Aceitar A Autoridade de Um Líder Espiritual. As mudanças não ocorrerão sem um orientador digno ou uma dor fora do comum. A indisposição de se colocar sob a liderança de um homem de Deus é uma revelação devastadora de fracaso em potencial.

21. Pense Duas Vezes Se Pequenos Problemas Causam Montanhas de Ira Na Outra Pessoa. Nunca me esquecerei deste fato. Eu estava com várias pessoas em um belo restaurante, e o garçom se esqueceu de trazer o limão para o copo de água da moça que eu estava namorando. Ela ficou furiosa. Na verdade, não apenas pareceu nervosa, mas também decidiu que a incompetência dele seria o assunto da conversa aquela noite. Ela não conseguia diferenciar as coisas importantes das triviais. **22. Pense Duas Vezes Se A Outra Pessoa Se Recusar A Arrumar Um Emprego.** É um pecado não trabalhar. Eu nunca permitiria que minha filha se casasse com um homem indisposto a ganhar o próprio sustento. Dinheiro é uma recompensa por se resolver problemas. Se você não tem nenhum dinheiro, provavelmente está se recusando a resolver os problemas próximos a você ou fugindo de sua obrigação. Você com certeza já ouviu a história de algum milionário que se casou com uma garçonete que ele encontrou em uma pequena cafeteria. Por quê? Ele observou os hábitos de trabalho dela. Às três da manhã, ela estava de pé servindo panquecas e ovos para os motoristas de caminhão...com um sorriso na face. Esse era um dos segredos de Salomão. Ele contratava somente pessoas felizes. É importante observar se a pessoa com quem você vai se casar é uma pessoa feliz *antes* de entrar para a vida dela.

Paulo adverte: "Quando ainda estávamos com vocês, nós lhes ordenamos isto: Se alguém não quiser trabalhar, também não coma. Pois ouvimos que alguns de vocês estão ociosos; não trabalham, mas andam se intrometendo na vida alheia [...] Se alguém desobedecer ao que dizemos nesta carta, marquem-no e não se associem com ele, para que se sinta envergonhado", (2 Ts 3:10-11, 14).

Mulheres produtivas atraem homens produtivos. Isso fez Boaz se achegar a Rute.

23. Pense Duas Vezes Se Os Sonhos da Outra Pessoa Não São Grandes O Bastante Para Motivá-La. Se ela consegue dormir o dia inteiro, assistir televisão a noite inteira e se recusa a produzir algo significativo na vida...é melhor você pensar duas vezes antes de entregar sua vida a ela. Toda pessoa deve ter um sonho grnade o bastante para retirá-la da cama toda manhã ou mantê-la de pé a noite!

24. Pense Duas Vezes Se A Outra Pessoa Se Sente Desconfortável Na Presença de Deus. Como eu disse a uma de minhas irmãs, você pode namorar um homem lindo, que tenha músculos desenvolvidos e que a lança para cima para vê-la mergulhar, mas se ele odiar a presença de Deus, não existe esperança de que o poder, algum dia, brote de dentro dele. O homem que você vê nunca será mais do que ele é hoje. Todo pregador se tornará seu rival. Ele ficará intimidado pela sua freqüência à igreja. Quando você chegar tarde em casa depois do culto à noite, ele a acusará de ter-se encontrado com alguém. Homens não-salvos são sempre intimidados por homens crentes porque eles sabem, lá no fundo de seu coração, que o homem que caminha com Deus possui algo que eles não têm.

25. Pense Duas Vezes Se A Outra Pessoa Se Sente Inferior A Você. É verdade, todo mundo é inferior aos outros em alguma área. Mas é necessário que aquele que caminha ao seu lado se sinta confiante, qualificado e chamado por Deus para ser seu parceiro.

26. Pense Duas Vezes Se A Outra Pessoa Não Deseja Compreender Nem Agradar Você. O amor excepcional deseja agradar o outro. O amor excepcional busca todas as oportunidades de se comunicar. Do que você gosta? Quais livros prefere ler? Onde você gosta de passar as férias? Qual a sua flor favorita? Seu parceiro deve sentir vontade de saber essas coisas. **27. Pense Duas Vezes Se Houver Conflito Constante Entre A Outra Pessoa E Os Pais Dela.** Honrar nossos pais é o primeiro mandamento com promessa. Aqueles que respeitam a autoridade deles, no final, serão bemsucedidos. **28. Pense Duas Vezes Se A Outra Pessoa Retribui O Favor de Outros Com Ingratidão.** Várias vezes paguei jantares em restaurantes sem receber um simples "obrigado" por isso. Namorei uma moça alguns meses sem receber um "obrigado" por qualquer coisa que comprasse ou fizesse para ela. A explicação dela era: "Simplesmente não fui ensinada a dizer a palavra 'obrigada'. Mostrarei minha gratidão de outras maneiras". Que absurdo! **29. Pense Duas Vezes Se A Outra Pessoa Não Tem Anseio de Conhecer A Voz de Deus.** Obediência é o segredo de toda pessoa bem-sucedida. A Bíblia é a voz de Deus. Se um homem ou uma mulher desdenha a voz da verdade, isso resultará em uma seqüência de tragédias e catástrofes.

As *decisões* tomadas produzirão muitas perdas.

As *fraquezas* florescerão.

Os *desejos ilícitos* serão devastadores como o inferno.

Um casamento assim é um convite ao suicídio espiritual. **30. Pense Duas Vezes Se Você Não Se Animar Em Apresentar A Outra Pessoa Àqueles Que Você Ama.** Quando você está apaixonado de verdade, esse parece ser o único assunto sobre o qual quer conversar. Mas no seu caso, você fica envergonhado? Por quê? Seja sincero consigo mesmo.

31. Pense Duas Vezes Se A Outra Pessoa Demonstra Pouco Respeito Pelas Batalhas Que Você Venceu Ao Longo da Vida. Você venceu o preconceito, os temores, a pobreza? Quando alguém ama você, essa pessoa admira suas realizações. **32. Pense Duas Vezes Se O Diálogo Com A Outra Pessoa Se Tornou Enfadonho.** Já estive com pessoas que me deixaram irritado, exausto e não descobria por quê. Pessoas certas trazem energia para sua vida. Pessoas erradas trazem cansaço para sua vida. O amor verdadeiro traz energia. **33. Pense Duas Vezes Se A Outra Pessoa Toma As Decisões Mais Importantes da Vida Dela Sem Pedir Sua Opinião.** Fiquei surpreso certa noite em que uma moça, que eu estava namorando já fazia algum tempo, disse: "Vou deixar o emprego na semana que vem. Vou entrar para o seminário amanhã". Ela já planejava deixar sua profissão e ir para o seminário havia nove meses, e nunca me contara. Naquele momento tornou-se óbvio que minha opinião não era importante. **34. Pense Duas Vezes Se O Tempo Que Você Passa Com A Outra Pessoa Sempre Resulta Em Culpa Ou Frustração.** Todo relacionamento esfria quando predomina a culpa, o medo ou a sensação de cilada. **35. Pense Duas Vezes Se As Pessoas À Volta de Seu Parceiro São de Caráter Duvidoso.** Observe as pessoas que seu parceiro em potencial acha agradáveis. Isso diz muito sobre a vida dele e sobre seu futuro com ele. **36. Pense Duas Vezes Se A Outra Pessoa**

Não Está Disposta A Seguir Seu Conselho Ou Sua Recomendação. A esposa virtuosa é como uma profetisa para o marido. O marido deve ser um poço de sabedoria para a esposa. **37. Pense Duas Vezes Se Você Não Admira Nem Respeita O Mentor Ao Qual A Outra Pessoa Se Submete.** O orientador dela estará alimentando uma força ou uma fraqueza. Se você se opõe a esse orientador, um casamento feliz entre vocês é impossível. **38. Pense Duas Vezes Se Você Gosta da Outra Pessoa Apenas Nos Momentos de Fraqueza.** Uma mulher me explicou: "Não gosto muito de estar com ele. Sintome muito vulnerável ao seu lado, mas *quando me sinto muito sozinha,* não consigo suportar e aceito o convite dele para sairmos". Alguns relacionamentos existem por causa da *fraqueza* mútua, em vez de existirem por causa dos *objetivos* mútuos. **39. Pense Duas Vezes Se A Outra Pessoa Lhe Dá Conselhos Contrários À Palavra de Deus.** A Palavra de Deus é a verdade. Ela irá resistir a qualquer teste. Ela destrói os desejos errados dentro de você. Ela libera sua fé. Ela produz esperança. Ela purifica sua mente. É a chave principal para o sucesso de qualquer empreendimento. *Sua reação à Palavra de Deus determina a reação de Deus em relação aos seus filhos* (ver Os 4:6). Deus se tornará inimigo de quem insistir em desafiar sua Palavra. Seria trágico se unir a alguém que Deus pode, no final, destruir. **40. Pense Duas Vezes Se A Presença da Outra Pessoa Não O Motiva A Atingir Níveis Mais Altos de Excelência.** Você já tem suas fraquezas, não precisa de ninguém para alimentá-las. Qualquer pessoa pode levá-lo ainda mais para baixo. É por isto que Deus lhe dá um cônjuge: para levantá-lo.

41. Pense Duas Vezes Se Você Não Pode Revelar À Outra Pessoa Suas Maiores Fraquezas. Todos nós temos fraquezas que nos envergonham. Nós as disfarçamos. Pode ser a ira, o temor, a luxúria. Seu cônjuge está ao seu lado para fortalecer você, não para enfraquecêlo. Se você acha malhor *ocultar* suas fraquezas em vez de compartilhá-las, pode ser que o errado seja seu cônjuge.

42. Pense Duas Vezes Se Você Não Pode Confiar À Outra Pessoa Suas Finanças. Esse assunto estreita consideravelmente o campo, não é? Não una sua vida à de alguém imaturo demais para lidar com responsabilidades financeiras. Um jovem me confessou: "Não quero que minha noiva saiba quanto dinheiro eu tenho, caso contrário ela gastará tudo. Assim que ela descobrir que tenho dinheiro sobrando, me forçará a usar meus cartões de crédito".

43. Pense Duas Vezes Se Você Não Pode Confiar À Outra Pessoa Suas Lembranças Mais Dolorosas. Todo mundo quer fugir de lembranças dolorosas. Alguns milionários costumam dizer que seus dias de pobreza os motivam. Suas memórias dolorosas os levaram a grandes realizações. Alguns lembram os maus-tratos recebidos dos pais, que lhe bateram e deixaram marcas permanentes. As *lembranças* são importantes para compreendermos as outras pessoas.

44. Pense Duas Vezes Se Você Não Pode Confiar À Outra Pessoa Seus Maiores Temores

Ou Segredos. O temor sempre nos limita, mas ele deveria nos motivar...a mudar. Pode ser o medo de voar ou o medo do es curo. Pode ser o medo de morrer de alguma doença. Seja o que for, pense duas vezes se o amor não é forte o bastante para destruir o medo. "No amor não há medo", (1 Jo 4:18).

45. Pense Duas Vezes Se Você Não Pode Confiar Na Outra Pessoa Quando Ela Está Com Seus Amigos Mais Íntimos. A paquera é mortal. A morte de muitos casamentos começa com uma paquera. Pode parecer algo inofensivo, mas não é jamais.

46. Pense Duas Vezes Se Você Não Pode Confiar Na Outra Pessoa Quando Você Estiver Ausente. O ciúme é um ditador cruel e tirano. É sempre infundado e produzido por uma memória dolorosa de deslealdade ou traição. Tenho visto muitos casamentos se desfazerem devido à desconfiança. Fique atento aos sinais.

47. Pense Duas Vezes Se A Outra Pessoa Não Busca A Deus Sem Constante Encorajamento. Há vários anos conheci uma mulher muito divertida. Era uma das pessoas mais articuladas, vibrantes e amáveis que conheci. Ela ainda é amiga minha. Fiz muitas tentativas de impulsionar o relacionamento, para noivarmos e casarmos. Mas foi aí que minha compreensão foi despertada. Ela somente freqüentava a igreja por causa de minha persistência, de meus resmungões e apelos. Ela não conhecia Deus de verdade. Nem o desejava verdadeiramente. Sem a autoridade de Deus na vida da outra pessoa, qualquer esperança de casamento feliz é mera fantasia.

Leve seu parceiro em potencial à presença de Deus junto com você. Conversem juntos com Deus. A verdade que aparecerá na presença dele não aparecerá em nenhum outro lugar. *A interrogação nunca produzirá o que a presença divina produz.* Invista na semente do tempo. Observe-a crescer.

O tempo irá expor o que milhares de investigadores nunca poderão produzir.

Defina honesta e claramente seu relacionamento atual. Se você persistir em um relacionamento nocivo, as conseqüências dolorosas terão muitas coisas a lhe ensinar.

Nunca se apóie no relacionamento. Apóie-se no coração de Deus. Pergunte ao Espírito Santo o que ele vê nas pessoas próximas a você. Ele sempre revelará a verdade para aquele que o busca.

O reconhecimento do parceiro que Deus aprovou para você lhe trará anos de alegria, entusiasmo e satisfação.

❧ 7 ❧

RECONHECIMENTO DE UM MOMENTO DE FÉ EXCEPCIONAL

A Fé Move Montanhas.
O principal segredo do milagre é a fé. Sua boca é a ferramenta que libera a crença silenciosa dentro de você, que é a confiança em Deus chamada *fé.*
Os milagres excepcionais requerem fé excepcional. Deus quer muito que as pessoas acreditem nele. Ele se distancia de qualquer um que *duvide* de sua Palavra (ver Is 1:19). Ele sempre recompensa aqueles que *acreditam* nela (ver Dt 28:1-14).

Em meu livro *31 Razónes Por que as Pessoas Não Obtêm sua Colheita Financeira,* escrevi o seguinte:

As lágrimas sozinhas não *movem* a Deus.

O desespero não *intimida* a Deus.

A manipulação não *controla* a Deus.

A educação não *influencia* a Deus.

A fé é a única voz que Deus *respeita.*

A fé é o única método que força Deus a ativar milagres. Você deve pedir com fé.

A *fé vem quando você ouve Deus falar.* "A fé vem por se ouvir a mensagem, e a mensagem é ouvida mediante a palavra de Cristo", (Rm 10:17).

As duas qualidades mais importantes que tenho aprendido sobre Dues são:

▶ A única *dor* dele é a de não ser *acreditado.*

▶ O único *prazer* dele é o de ser *crido*.

Deus prepara continuamente cenários que requerem nossa confiança nele.

Nada de bom em sua vida acontece se você não usar sua fé.

A fé é a arma de Deus que Deus fornece para produzir seus milagres.

Sem fé, Deus não pode se agradar de você. "Sem fé é impossível agradar a Deus, pois quem dele se aproxima precisa crer que ele existe e que recompensa aqueles que o buscam", (Hb 11:6).

A fé se fecha quando uma opção está sendo considerada. "...pois tem mente dividida e é instável em tudo o que faz", (Tg 1:8).

Em algum momento da vida, Deus lhe dará um sonho tão grande que exigirá toda fé existente em seu sistema.

O dia mais perigoso de sua vida será aquele em que você não terá um sonho grande o bastante que exija uma fé excepcional.

A fé é a *confiança em Deus.*

A fé exige *instrução.*

A fé é ativada pelas *necessidades e pelos desejos.* Quando você não tem uma grande necessidade em sua vida, isso acaba representando um perigo.

Você será tentado a viver uma vida sem fé, e quado o fizer, falhará.

Os únicos momentos de prazer de Deus são aqueles em que você usa sua fé.

A fé não usada é uma tragédia.

Chegará o momento em que Deus lhe mostrará uma imagem de um futuro tão grandioso que seu presente parecerá insignificante. Nesse momento, ele lhe dará um panorama de seu futuro, para mexer com sua fé...isso lhe dá prazer. *O medo é inimigo da fé.* Cada dia de medo produzirá 365 dias de lágrimas e angústia. A entrada dos Israelitas em Canaã foi complicada. Doze espias entraram em Canaã. Dez homens voltaram com dúvida e descrença. Por causa da dúvida deles, Deus transformou quarenta dias de espionagem e dúvida em quarenta anos de sofrimento. *Cada dia de dúvida foi multiplicado por 365 dias de lágrimas e angústia.* Você não pode arcar com as conseqüências de um dia de dúvida em sua vida.

A dúvida produz tragédias, assim como a fé produz milagres.

▶ Seu maior *inimigo* é a pessoa que alimenta sua *dúvida.*

▶ Seu maior *amigo* é aquele que sopra *vida* em sua fé.

A fé é a confiança na grandeza de Deus, não em sua grandeza pessoal.

Se Deus o ama a ponto de providenciar alguém para desbloquear sua fé, você deve reconhecer nisso um momento de fé excepcional que resultará em milagre.

A *fé sempre exigirá uma instrução específica.* Não três. Essa instrução única foi o clamor de um grande homem de Deus. Davi clamou: "Meu coração está firme", (Sl 57:7).

Sua fé está decidindo o fluxo dos milagres que estão vindo em sua direção. Sem fé não há milagres.

Compartilho um de meus maiores momentos de fé excepcional em meu livro chamado *31 Razões Por que as Pessoas Não Obtêm sua Colheita Financeira.* Quero citar um trecho desse livro:

Há alguns anos, eu estava pregando no lugar de Rod Parsley, um amigo meu, em Columbus, Ohio. No final do culto, o Espírito Santo me mandou entregar a oferta para o pastor, em vez de recebê-la para meu ministério. Bem, eu precisava desesperadamente de um milagre. Precisava de muito de dinheiro para um projeto especial em que me havia empenhado. Sendo assim, qualquer semente que eu plantasse seria uma semente de crise. (Lembre-se de que uma semente de crise aumenta sua influência com Deus.) *É possível que a pequena semente lançada durante uma crise produza uma colheita muito maior que a semente generosa lançada em tempos de bonança.*

Então, concordei em dar a oferta integralmente ao pastor. Depois disso, o Espírito Santo me fez uma sugestão muito singular. Não senti que era uma ordem, e sim um *convite para um investimento*. Eu havia acabado de receber um cheque de direitos autorais de 8.500 dólares. (Na verdade, era tudo que eu tinha em meu nome.) Não me lembro de que tivesse outras economias além daquele cheque que eu tinha na mala.

"Você gostaria *de explorar e experimentar* o que eu posso fazer com 8.500 dólares?" preguntou o Espírito Santo.

Essas palavras me trouxeram um momento de tormento e tortura. Depois, respondi mansamente, de meu espírito para o Espírito de Deus.

"Estou disposto a experimentar. Mas preciso muito desse dinheiro. Foi uma ótima colheita para mim".

Ele falou uma segunda vez. Ah, como sou grato pelas segundas oportunidades que o Espírito nos dá de tentar novamente, de *alcançar* novamente e de *plantar* novamente!

"Como você gostaria *de explorar e experimentar* aquilo que posso fazer com 8.500 dólares?".

Algo dentro de mim me recomendou analisar a questão com mais cuidado.

O que eu poderia fazer com 8.500 dólares? Certamente não era o bastante para quitar minha casa. O que eu poderia fazer? Comprar um carro pequeno, dar uma entrada em um imóvel, tirar um mês de férias na Europa?

Decidi aceitar o desafio do Espírito Santo. *Aquela decisão mudou minha vida financeira para sempre.* Seis semanas mais tarde, Deus me deu uma idéia que me trouxe centenas de milhares de dólares de retorno. Na verdade, agora a cada noventa dias recebo um cheque de direitos autorais por aquela idéia.

Uma única semente de 8.500 dólares gerou uma renda vitalícia para mim. (Veja o capítulo 9, *Reconhecimento de uma idéia inspirada por Deus.*)

Agora reconheço que Deus estava me dando um momento de fé excepcional para semear tudo o que eu tinha em meu nome.

Aquilo produziu uma incrível prosperidade financeira em minha vida.

Agarre-se a cada momento de fé incomum. Não o deixe passar. Você está no Portão Dourado do Aumento Milagroso.

A fé excepcional sempre produz milagres excepcionais.

Ninguém ao meu redor me disse que eu teria uma vida de bênção por decidir aquilo. Mas foi meu *momento, meu momento de fé excepcional.* Estou muito ansioso, enquanto escrevo para você nesta noite, para lhe mostrar minha fé. Mesmo neste momento, enquanto você lê estas palavras, algo está saltando aqui dentro de mim. *Este pode ser seu momento de fé excepcional.* Vou orar agora e pedir para que Deus libere um momento de fé excepcional para você.

*Deus pode falar com você a fim de plantar uma semente de vida para uma vida de bênção...*como fez comigo. Em primeiro lugar, uma semente de 8.500 dólares, por exemplo, pode parecer ridícula ou impossível. Mas pense um momento. Será que essa é a única quantidade de dinheiro que você precisará para o resto da sua vida? Claro que não. Essa quantia é suficiente para quitar sua casa hoje? Provavelmente não. Então, também não é suficiente para suprir todas as suas necessidades. Éntão, essa não é a colheita que Deus preparou para você. Deve ser apenas a semente.

Enquanto oro por você, Deus pode lhe dar fé para plantar uma semente de qualquer valor. Seja qual for, aja prontamente. Não espere nem mais um momento.

Plante sua semente.

Coloque-a no solo.

Envolva-a com muitas *expectativas.*

Aja *prontamente* quando o Espírito Santo lhe der um momento de fé excepcional.

> Pai, enquanto escrevo estas palavras para o leitor neste dia, sinto meu coração arder.
>
> Uma sensação poderosa. Sinto uma unção muito peculiar se move em meu espírito.
>
> Usaste *doze* tribos como troféu de teu poder e do que poderias fazer sobre a terra. Jesus

usou *doze* discípulos para mudar o mundo para sempre. Até mesmo a nova Jerusalém tem *doze portões*...como uma imagem de tua autoridade. Peço-te, portanto, *doze colheitas excepcionais para doze amigos que estejam lendo este livro neste momento.* Peço-te que ajas prontamente sobre eles neste momento. Profetizo fé excepcional para eles agora. Coloco minha fé ao redor da semente deles, qualquer que seja o valor que falares ao coração deles.

Este é o momento deles.

Este é o dia deles.

Este é o portão dourado do amanhã para eles.

Este é o momento pelo qual esperaram toda uma vida: para que, em nome de Jesus, eu liberasse a fé deles agora.

Retiro todo autoridade sobre cada espírito de pobreza, falta ou doença que tenha entrado na vida deles.

Ordeno que a dúvida se dissipe. Libero uma onda de tua presença, de tua unção e de fé excepcional para o coração deles.

Em nome de Jesus, decreto que este seja o momento de fé excepcional para meu amigo e para meu cônjuge no dia de hoje. Estou de acordo e não discordarei do grande retorno da semente que ele semear agora...neste mesmo dia, de acordo com Deuteronômio 1:11.

Nós *obedecemos* a ti. Agimos *prontamente*. Não nos *rebelaremos*.

Liberaremos o que está em nosas mãos como uma semente...para desbloquear a colheita que guardas em tuas mãos neste dia. Em nome de Jesus, está feito, amém.

Já escrevi cerca de 200 livros, mas nunca senti esta unção tão peculiar e rica que estou sentindo agora. Em nome de Jesus, concordo em que a semente excepcional que você, leitor, semear hoje criará uma colheita excepcional com a qual sempre sonhou.

Está feito. Em nome de Jesus, agora!

Se você é um dos doze, escreva-me. Coloque no lado esquerdo do envelope as seguintes palavras: "Momento de fé excepcional".

Algo incrível está nascendo no horizonte de sua vida.

Você sabe disso, também.

O reconhecimento de um momento de fé excepcional pode resultar em uma vida de bênção para você.

≈ 8 ≈

RECONHECIMENTO DE SUA FONTE DOMINANTE DE FAVOR

Um Favor Excepcional Produz Um Sucesso Excepcional.

Um favor excepcional tirou José da prisão e levouo ao palácio do faraó em *um dia.* Nada é mais glorioso ou mais miraculoso. Nada mais pode criar êxtase como a experiência única do favor excepcional.

O favor é o sonho secreto, oculto e não pronunciado de todo ser humano que vive hoje. Lutamos por ele, oramos por ele e até imploramos por ele.

O favor pode transformar tragédia em triunfo... *dentro de momentos.*

28 Fatos Que Você Deve Saber Sobre Favor

1. **O Favor Excepcional Acontece Quando Deus Desperta Em Alguém O Desejo de Solucionar Problemas Em Sua Vida.** Pode ser um parente, seu chefe ou um estranho. de acordo com as Escrituras, Deus é o catalisador que une você à Conexão Dourada com alguém que o abençoe.

2. **O Favor Excepcional É Um Presente de Deus Que Pode Ser Suspenso Se Não For Reconhecido.** Deus não deve nada para você.

Outras pessoas não são obrigadas a nada. Mas
ninguém pode impedi-lo. "O que ele abre ninguém
pode fechar", (Ap 3:7).

**3. O Favor Excepcional É Somente
Garantido Para Aqueles Que Se Qualificam Por
Meio de Atos de Obediência.** "Se vocês obedecerem
fielmente ao SENHOR, o seu Deus, e seguirem cuidadosamente todos os seus mandamentos que hoje lhes
dou [...] Todas estas bênçãos virão sobre vocês e os
acompanharão", (Dt 28:1-2).

**4. O Sucesso Excepcional Exigirá Um
Favor Excepcional de Alguém.** Você não pode
trabalhar no seu limite para obter tudo que merece.
Não é possível trabalhar a vida inteira e ficar livre de
dívidas. Isso exigirá um favor excepcional para dar
passos gigantes em direção a um sonho excepcional.
"O SENHOR, o seu Deus, os abençoará em toda a sua
colheita e em todo o trabalho de suas mãos", (Dt
16:15).

**5. O Favor Excepcional É Uma Atitude de
Bondade Em Relação A Você, Não Uma Troca Ou
Um Pagamento Por Algo Que Você Tenha Feito.**
O mundo usa os "favores" como substituto para o
verdadeiro favor.

Um congressista pode dizer a um lobista: "Eu lhe
dou o meu voto se você me der 25 mil dólares por outro
projeto". Isso é uma troca. É uma transação. Você
intimida e obriga a outros, por meio de favores, e não
pelo verdadeiro favor. Essa é a substituição satânica
do plano divino do favor.

Você sempre ofenderá a pessoa para quem deve.
Satanás sempre tentou intimidar a Deus. Ele inveja o
sucesso de Deus, a força de Deus e o amor que Deus

gerou para si. Então, ele compete com Deus. O favor é o caminho divino, e não seu substituto.

6. O Favor Excepcional É Uma Exceção À Regra. Milhões de pessoas lutam sem experimentar um progresso significativo. "Se não for o SENHOR o construtor da casa, será inútil trabalhar na construção", (Sl 127:1).

7. O Favor Excepcional Deve Começar Com Uma Semente A Partir de Você Antes Que Retorne Como Colheita. "Não se deixem enganar: de Deus não se zomba. Pois o que o homem semear, isso também colherá", (Gl 6:7).

8. Quando Você Semear As Sementes do Favor de Forma Consistente, Colherá Também de Forma Consistente Os Frutos do Favor. As sementes esquisitas produzem frutos esquisitos. Sementes de amor, paciência e perdão começarão a crescer em sua vida.

9. A Semente do Favor Excepcional Pode Crescer Em Determinado Período de Tempo. Jesus cresceu em favor diante de Deus e dos homens (ver Lc 2:52).

10. O Favor Excepcional Pode Deixá-Lo Abastado Em Um Único Dia. Rute experimentou isso: "Boaz casouse com Rute, e ela se tornou sua mulher", (Rt 4:13). Também a riqueza de Abraão foi transferida para Rebeca por meio de Isaque...em um único dia.

11. O Favor Excepcional Pode Silenciar Para Sempre Um Inimigo de Toda A Vida. Hamã foi enforcado depois que o rei mostrou favor excepcional a Ester e a Mardoqueu.

12. O Favor Excepcional Pode Tornar Seu

Nome Familiar Em 24 Horas. O rei escolheu Ester para ser rainha, e uma pessoa totalmente desconhecida se tornou importante...em um único dia (ver Et 2:16).

13. O Favor Excepcional Pode Dobrar Seus Recursos Financeiros Em Meio À Pior Tragédia. Isso aconteceu com Jó: "Depois que Jó orou por seus amigos, o SENHOR o tornou novamente próspero e lhe deu em dobro tudo o que tinha antes [...] O Senhor abençoou o final da vida de Jó mais do que o início", (Jó 42:10, 12).

14. O Favor Excepcional Pode Encurtar O Tempo de Sua Missão E de Sua Situação. José se tornou primeiro ministro em 24 horas...a despeito das falsas acusações contra ele.

15. Um Dia de Favor Vale Por Uma Vida Inteira de Trabalho. Rute era uma camponesa. Ela trabalhava duro para ganhar a vida. Lutava, suava e continuava pobre. Mas em um dia, Boaz a tornou rica ao aceitá-la como esposa.

16. O Favor Excepcional Vem Quando Intercessores Excepcionais Oram Por Você. Pedro experimentou isso. Ele estava na prisão. Mas a igreja orava. Deus se envolveu. As portas da prisão foram abertas. Pedro foi solto (ver At 12:5).

17. O Favor Excepcional Sempre Começa Quando Você Resolve Um Problema Excepcional Para Alguém. José interpretou o sonho para o mordomo. Dois anos mais tarde, seu dom lhe abriu espaço no palácio do faraó (ver Gn 41:42-44).

18. Correntes de Favor Sempre Fluem Quando Você Resolve O Problema Próximo de Você. Muitas pessoas que experimentaram imensas ondas de favor estagnaram depois. O progresso delas foi paralisado. Tragédias atravessaram sua vida. Por isso é fundamental compreender A Lei do Reconhecimento, pois ela lhe permite reconhecer a fonte dominante de favor que Deus escolheu para abençoar sua vida.

19. O Favor Excepcional Normalmente Virá Por Alguém Que O Estiver Observando E Que Seja Capaz de Abençoá-Lo Grandemente. Seus pais. Seu chefe. Seus vizinhos. Alguém que você nem conhece.

20. O Favor Excepcional Não É Coincidência, Mas Uma Criação Deliberada de Deus Para Recompensá-Lo Pelos Seus Atos de Obediência, Invisíveis A Outros. "Se vocês estiverem dispostos a obedecer, comerão os melhores frutos desta terra", (Is 1:19).

21. O Favor Excepcional Será Interrompido Quando Você Ignorar Deliberadamente Uma Instrução de Deus. Saul ignorou as instruções de Samuel para eliminar o rei Agague e todos os amalequitas. O favor foi interrompido. Saul foi rejeitado e Davi se tornou o rei (ver 1 Sm 15:11, 26).

22. O Fluxo do Favor Excepcional É Sempre Paralisado Pela Arrogância E Pela Auto-Suficiência. Quando Nabucodonosor zombou da autoridade divina por causa de seu notável sucesso pessoal, Deus permitiu que ele vivesse como uma besta no campo...até que sua humildade retornasse (ver Dn 5:20-21).

23. O Favor Excepcional Pode Cessar A Tragédia Instantaneamente Em Sua Vida. Isso fez que José saísse da prisão e fosse para o palácio do faraó em apenas um dia (Gn 41:39-40). Ester obteve o favor do rei e salvou uma nação.

24. O Rio do Favor Excepcional Secará Quando Deus Detectar Ganância. "Pode um homem roubar de Deus? Contudo vocies estão me roubando. E ainda perguntam: 'Como é que te roubamos?' Nos dízimos e nas ofertas. Vocês estão debaixo de grande maldição porque estão me roubando; a nação toda está me roubando", (Ml 3:8-9).

É uma tragédia, o cúmulo e algo extremamente lamentável soprar o desfavor divino sobre uma família ou pessoa que Deus escolheu para amaldiçoar *por causa de sua ambição.*

Quem Deus mais tem usado para trazer provisão, encorajamento ou proteção a você?

Essas pessoas são sua fonte dominante de favor.

O primeiro mandamento com promessa é o de honrar os pais. Deus prometeu que tudo sairia bem todos os dias de sua vida se você os honrasse.

Pense um momento. Seus pais pagaram suas contas, o alimentaram, o vestiram, deram-lhe abrigo, educação e instrução, toleraram sua imaturidade e seus dias de cambaleante aprendizado...mas eles normalmente são os últimos a receber seu respeito, seus presentes e suas declarações de amor.

É comum o jovem gastar em noventa dias com a nova namorada mais do que gastou com a mãe e o pai nos últimos de anos de vida.

Falta de reconhecimento implica falta de recompensa...e, no final, a bênção sairá de sua vida.

Recusar honrar e abençoar os pais é suicídio. Essa atitude destruirá você, Deus garante.

25. O Favor Excepcional É Uma Semente Que Qualquer Pessoa Pode Semear Na Vida de Outra Pessoa. Não é necessário dinheiro nem habilidades geniais ou fora do comum, mas o amor, a atenção e o tempo são indispensáveis.

26. O Favor Excepcional Deve Ser Perseguido, Solicitado E Celebrado. Quando se ajoelhou e pediu a Deus que lhe mostrasse favor, o servo de Abraão tomou uma atitude correta. Deus é a Fonte do favor. Ele responde à fé à busca. Em questão de horas, Rebeca viajava para encontrar Isaque, por causa do favor de Deus.

27. O Favor Excepcional É Sempre A Única Saída Para O Cativeiro E A Escravidão. José sabia disso. Ele solicitou o favor do mordomo. E, no final, conseguiu.

28. O Favor Excepcional Normalmente Cessa Quando Não É Recebido Com Gratidão. A perda é a cura mais rápida para a ingratidão.

Pare um momento.

Identifique a fonte dominante de favor em sua vida.

Você já escreveu uma nota de gratidão?

Você já semeou favor em sua família?

▶ O que você falha em reconhecer também deixa de realizar.

▶ O que você deixa de realizar interrompe a retribuição.

▶ Qualquer coisa não retribuída sairá de sua vida.

O reconhecimento de sua fonte dominante de favor resolverá milhares de probemas em sua vida.

❧ Proverbes 8:12 ❧

"Eu, a sabedoria, moro com a prudência e tenho o conhecimento que vem do bom senso".

∾ 9 ∾

RECONHECIMENTO DE UMA
IDÉIA INSPIRADA POR DEUS

As Idéias São Portões Dourados Para Mudanças Imediatas.
A idéia é um pensamento, divinamente plantado por Deus, que pode solucionar o problema de alguém. As Escrituras nos estimulam com a promesa de "bom senso". "Eu, a sabedoria, moro com a prudência e tenho o conhecimento que vem do bom senso", (Pv 8:12).

Os métodos para criar riqueza são garantidos ao obediente. "Lembrem-se do SENHOR, o seu Deus, pois é ele que lhes dá a capacidade de produzir riqueza, confirmando a aliança que jurou aos seus antepassados, conforme hoje se vê", (Dt 8:18).

Há muitos anos, plantei uma esplêndida semente em Columbus, Ohio (ver capítulo 7). Seis semanas depois, eu estava em Houston, Texas, hospedado no Hyatt Regency Hotel. Era uma manhã de terça-feira, e eu estava em minha segunda hora de oração. De repente, o Espírito Santo *me inspirou uma idéia.* Vi em meu espírito uma Bíblia especial para mulheres. Ela ocntinha 2 mil versículos para ajudar as mães a localizarem em dez segundos a passagem apropriada para resolver imediatamente um problema que estivessem enfrentando. Eu a chamei A *Bíblia temática para mães. Depois, veio à minha mente A Bíblia temática para pais,* especialmente para os homens que estão passando por dificuldade.

Depois dessas, A *Bíblia temática para empresários* explodiu em meu coração. E visualizei outra, criada especialmente para adolescentes que não sabiam como encontrar os versículos na Bíblia: A *Bíblia temática para adolescentes.*

Quando liguei para um amigo que era do ramo editorial e contei minhas idéias, ele ficou muito entusiasmado.

"Mike, imprimiremos 60 mil exemplares com capa de couro e veremos como serão as vendas nas livrarias. Você receberá uma pequena taxa de *royalties* por livro vendido".

Em questão de meses, 1.300 livrarias compraram todos os exemplares das Bíblias. No final, acabaram imprimindo também em brochura. Diferentes traduções, como a *Bíblia Viva* e a *Nova Versão Internacional* foram disponibilizadas.

Essa idéia rendeu centenas de milhares de dólares. Alguéem me disse que quase 2 milhões dessas Bíblias temáticas já chegaram a vários lugares do mundo.

Essa idéia produziu bênçãos para milhões de pessoas.

Reconheço que isso veio de Deus. A idéia foi dada a mim. Sim, outros a copiaram e a imitaram. Mas essa foi uma idéia divinamente inspirada por Deus.

Mas *tenho de reconhecer isso.*

Há alguns anos, enquanto orava, o Espírito Santo me deu uma outra pequena idéia: A *Bíblia de bolso de um minuto.* Qualquer pessoa pode carregála no bolso da camisa. O produto já se espalhou por toda a América. Um dos maiores ministérios de televisão na atualidade comprou milhares dessas Bíblias para seus obreiros. No Dia das Mães, os pastores presenteiam as mulheres de suas igrejas com uma Bíblia de bolso ou com uma Bíblia temática.

Boas idéias são interessantes, mas não são ordens.

Idéias divinas são, na verdade, ordens de Deus. Elas despertam você no meio da noite, tornando-se sua obsessão.

Oral Roberts explicou certa vez que, quando Deus lhe prometeu mais que "o espaço que você tem para receber", ele estava falando de idéias, critérios e conceitos. Ele instruiu as pessoas a recapitular qualquer idéia, critério ou conceito dado por Deus e, depois, apresentá-lo ao Senhor para que seja abençoado.

Um homem ouviu com grande fé. Alguns anos antes ele havia tido uma idéia. Ela foi repetidamente rejeitada. Ele ficou frustado e desencorajado. Ele a havia armazenado em caixas no sótão. Depois de ouvir o irmão Roberts, decidiu que a idéia viera de Deus. Satanás havia simplesmente paralisado suas expectativas e sua fé.

Ele foi para casa, engatinhou pelo sótão e desceu as caixas. Hoje, seus recursos financeiros ultrapassam um milhão de dólares...*por causa da tal idéia.*

Você está sentado sobre uma idéia de um milhão de dólares? Você está caçando centavos...quando Deus lhe deu a possibilidade de ganhar um milhão!

Há alguns anos eu estava dando uma palestra em

Dothan, Alabama. Quando terminei de pregar, solicitei às pessoas que atribuíssem uma tarefa à semente enquanto a estavam plantando na oferta.

"Escreva no cheque em que área você mais precisa ver sua colheita", instrui.

Alguns meses depois, voltei àquela igreja. O pastor estava muito feliz.

"Quero que você conheça este casal. Lembra-se de quando pediu às pessoas que atribuíssem uma tarefa à semente? Você pediu para que elas escrevessem no cheque em que área elas mais gostariam de ver Deus produzir sua colheita".

Ele explicou que noventa dias depois do dia em que plantaram a semente, uma idéia que havia sido ignorada e rejeitada foi, repentinamente, aceita por uma grande cadeia de supermercados. O primeiro cheque deles para o primeiro pedido foi de 2,4 milhões de dólares!

A idéia deles rendeu 2,4 milhões de dólares!

Ross Perot, o famoso bilionário, disse a seguinte frase: "Uma boa idéia pode permitir que um homem viva como um rei pelo resto de sua vida".

Entre na presença de Deus para receber as *ordens dele.*

Permaneça na presença de Deus para receber o *plano* dele.

Deus está conversando com você.

Você está escutando?

8 Fatos Que Você Deveria Saber Sobre Idéias

1. Uma Idéia Excepcional Vem Quando

**Você Observa O Que Está Ao Seu Redor.
2. Uma Idéia Excepcional Ajudará Pessoas.
3. Uma Idéia Excepcional de Deus Solucionará Os Problemas de Alguém.
4. Uma Idéia Excepcional É A Solução Para Eliminar O Estresse E Para Aumentar O Entusiasmo E A Alegria.
5. Uma Idéia Excepcional Pode Ou Não Ser Aceita Pelos Que Estão Ao Seu Redor.** Walt Disney foi demitido de um jornal porque ele não era "criativo o bastante".
**6. Uma Idéia Excepcional Pode Gerar Riqueza Excepcional.
7. Uma Idéia Excepcional Requer Atenção Excepcional.
8. Uma Idéia Excepcional Pode Resultar Em Provisão Para Toda A Vida.**

O reconhecimento de uma idéia inspirada por Deus pode proporcionar renda vitalícia para toda a sua família.

≈ Salmos 84:11 ≈

"O Senhor [...] não recusa nenhum bem aos que vivem com integridade".

∞ **10** ∞

RECONHECIMENTO DE UMA OPORTUNIDADE DE OURO

━━━━▷⊶⊷◁━━━━

A Oportunidade É Um Presente de Deus.
Oportunidade é qualquer situação em que suas qualidades e dons, conhecidos ou desconhecidos, podem ser reconhecidos, recebidos e, no final, recompensados.

4 Fatos Que Você Deve Saber Sobre As Oportunidades

1. Deus É O Deus Das Oportunidades. Em toda a Palavra, inúmeros exemplos nos fazem lembrar de que Deus dá aos homens a oportunidade de se arrepender, de reconstruir e de até mesmo receber milagres.

2. As Oportunidades Podem Não Ser Percebidas Por Causa da Imaturidade Ou da Ignorância. Um de meus amigos mais próximos foi convidado para fazer uma escolha há alguns anos: um automóvel ou um pedaço de terra na Flórida. Ele escolheu o automóvel. Infelizmente, a terra que ele rejeitou estava ligada à famosa Disney World. Ele perdeu uma fortuna por causa disso. Ele não *reconheceu* a oportunidade de ouro para aquele investimento.

3. A Oportunidade Pode Surgir Durante

Um Período de Crise Em Sua Vida. Deus falou com Elias para que deixasse o riacho e fosse à casa da viúva de Sarepta...a fim de dar a ela uma oportunidade de exercitar a fé (ver 1 Rs 17).

4. A Oportunidade Está Sempre Próxima de Você, Esperando Apenas Seu Reconhecimento. "O SENHOR [...] não recusa nenhum bem aos que vivem com integridade", (Sl 84:11).

8 Oportunidades de Ouro Que Você Deve Aprender A Reconhecer

1. O Reconhecimento da Oportunidade de Conseguir Um Orientador Excepcional. Eliseu buscou e alcançou Elias. Rute abraçou Noemi, recusando-se a voltar para Moabe.

2. O Reconhecimento da Oportunidade de Um Milagre de Cura. O cego Bartimeu conseguiu. Ele clamou e recebeu sua cura.

3. O Reconhecimento da Oportunidade de Ser Recompensado Para Destruir Um Inimigo. Davi conseguiu isso quando venceu Golias.

4. O Reconhecimento da Oportunidade de Iniciar Uma Amizade Excepcional Pode Trazer Inúmeras Alegrias. Jônatas conseguiu isso; ele se tornou conhecido por sua fidelidade a Davi.

5. O Reconhecimento da Oportunidade de Uma Reviravolta Financeira. A viúva de Sarepta conseguiu. Há alguns anos, recebi o telefonema de um amigo que estava envolvido em uma organização do ramo de comunicações. Ele pegou um avião e veio me ajudar. Deus me ajudou de maneira tão maravilhosa que consegui ganhar milhares de dólares. Mas outros ao meu redor nunca haviam percebido aquela oportunidade. Estavam muito ocupados reclamando das dificuldades.

6. O Reconhecimento da Oportunidade de Se Tornar Alguém Importante. Davi conseguiu. Ele matou Golias.

7. O Reconhecimento da Oportunidade de Apagar da Memória Cada Estigma de Sua Vida.

8. O Reconhecimento da Oportunidade de Ter Acesso A Um Homem de Deus Excepcional. Oral Roberts certa vez me contou que vários jovens pregadores haviam passado horas com ele sem lhe fazer uma única pergunta sobre cura divina. Que tragédia!

O reconhecimento de uma oportunidade de ouro pode transformar uma vida enfadonha em sucesso excepcional.

⇜ Salmos 35:27 ⇝

"O Senhor seja engrandecido! Ele tem prazer no bem-estar do seu servo".

❧ 11 ❧

RECONHECIMENTO DE UM LIBERTADOR FINANCEIRO QUE DEUS ENVIA À SUA VIDA

A Pobreza É Atormentadora. A pobreza é um ladrão. Ela rouba muito mais que suas finanças. Ela rouba seus sonhos. Ela rouba seu senso de dignidade. Ela rouba sua importância. Ele rouba sua capacidade de abençoar os outros ao seu redor.

Deus deseja abençoá-lo financeiramente. Ele é Doador. "O SENHOR seja engrandecido! Ele tem prazer no bem-estar do seu servo", (Sl 35:27).

Os libertadores financeiros são presentes especiais de um Pai caridoso.

Quando dou seminários, às vezes ofereço uma nota de cem dólares para alguém que possa me fornecer uma lista de dez pessoas, de qualquer parte do mundo, cuja única e exclusiva unção seja destinada à ajuda financeira para o Corpo de Cristo.

Nunca ninguém conseguiu isso.

Muitos discutem esse assunto mas nunca se aprofundam nele.

Poucos fazem da ajuda financeira seu *único foco.*

O culto contra a prosperidade tem se intensificado cada dia mais.

A agitação que um libertador financeiro produz é notável.

Qualquer pastor que se concentra na libertação financeira desperta de imediato uma oposição sistemática cujo propósito é destruir sua credibilidade ministerial.

Alguns argumentos são apresentados.

"Bem, Mike, acredito apenas que deve haver um equilíbrio. Alguns pregadores pregam apenas dinheiro, dinheiro e mais dinheiro".

E eu respondo: "Você se sente ofendido se seu dentista trabalhar apenas em seus dentes e se recusar a cortar sua grama? Você fica bravo com seu advogado se ele não quiser lavar seu carro? Você parou de ir ao McDonald's porque eles não vendem comida chinesa?".

Seus olhos não ouvem.

Seus ouvidos não falam.

Por que você os mantém no rosto? Porque cada um tem uma função distinta.

Você deseja defender o *equilíbrio?* Então explique por que milhares de pregadores pregam João 3:16 e ignoram Marcos 10:28-30. Isso é *desequilíbrio.*

▶ Quarenta por cento das falências envolvem cristãos nascidos de novo, de acordo com as estatísticas.

▶ Noventa por cento dos ganhadores de loteria declaram falência 24 meses depois que ganham o prêmio, de acordo com os dados.

▶ As viúvas em nossas igrejas locais em geral não conseguem pagar o aluguel do apartamento.

▶ As igrejas estão abarrotadas de mães solteiras incapazes de bancar a creche para as crianças.

Porém, muitas pessoas se irritam com a mensagem da prosperidade.

"Bem, Deus tomará conta das pessoas, quer ministremos sobre prosperidade, quer não", disse-me um pastor.

Por essa lógica, todo pecador será salvo...quer ele ouça a mensagem, quer não. Todo corpo doente será curado...quer ele ouça a mensagem de fé, quer não. Paulo escreve em Romanos 10:14-15: "Como ouvirão, se não houver quem pregue? E como pregarão, se não forem enviados?".

7 Razões Por Que Deus Colocará Um Libertador Financeiro Em Sua Vida

1. Deus Deseja Providenciar Recursos Que Lhe Permitam Pagar Seus Impostos E Cumprir Suas Obrigações. "Dêem a César o que é de César e a Deus o que é de Deus", (Mt 22:21).

2. Deus Deseja Que Você Tenha Dinheiro Suficiente Para Presentear Seus Filhos E Aqueles A Quem Você Ama. "Se vocês, apesar de serem maus, sabem dar boas coisas aos seus filhos, quanto mais o Pai de vocês, que está nos céus, dará coisas boas aos que lhe pedirem!", (Mt 7:11).

3. Deus Deseja Que Você Tenha Dinheiro Suficiente Para Ajudar Os Pobres. "Quem trata bem os pobres empresta ao Senhor, e ele o recompensará", (Pv 19:17).

4. Deus Deseja Que Você Tenha Dinheiro Suficiente Para Enviar Ministros Que Preguem A Palavra Por Toda A Terra. "Como pregarão' se não forem enviados? Como está escrito: 'Como são belos os pés dos que anunciam boas novas!'", (Rm 10:15).

5. Deus Deseja Que Você Tenha Dinheiro

Suficiente Para Obter O Que Sua Família Precisa Para Alcançar Sucesso E Um Futuro Feliz. "Se alguém não cuida de seus parentes, e especialmente dos de sua própria família, negou a fé e é pior que um descrente", (1 Tm 5:8).

6. Deus Deseja Que Você Tenha Dinheiro Suficiente Para Garantir Uma Renda Generosa E Digna Para Seus Líderes Espirituais E Para Seu Pastor. "Os presbíteros que lideram bem a igreja são dignos de dupla honra, especialmente aqueles cujo trabalho é a pregação e o ensino, pois a Escritura diz: 'Não amordace o boi enquanto está debulhando o cereal' e 'o trabalhador merece o seu salário'", (1 Tm 5:17-18).

Suas *necessidades* importam.

Seus *desejos* são levados em consideração.

7. Deus Tem Prazer Em Sua Prosperidade Pessoal. "O SENHOR seja engrandecido! Ele tem prazer no bemestar do seu servo", (Sl 35:27).

O dinheiro não traz *felicidade.*

O dinheiro cria *possibilidades.* Com ele, você expressa amor, paga as contas, resolve problemas. "...isso tudo se paga com dinheiro", (Ec 10:19).

Mas nada muda se você não usar sua fé.

É por isso que o momento mais glorioso de sua vida financeira é quando Deus gera *fé excepcional na presença de um homem de Deus.* Deus sabe em que momento você precisará de um libertador financeiro em sua vida.

Por isso ele enviou Elias até a viúva de Sarepta. Ela estava falida, empobrecida, preparando sua última refeição antes de morrer. Seu filho também estava prestes a morrer. Mas Deus fez que um homem abençoado cruzasse o caminho dela...*para liberar sua fé.*

Elias foi o libertador financeiro dela.

O Milagre de Washington, D.C.

Há alguns anos, em Washington, D.C., o Espírito Santo me levou a plantar uma semente de 58 dólares, a qual representava 58 tipos de bênçãos da Palavra de Deus que eu havia descoberto e colocado em categorias. O Espírito Santo me instruiu a plantar uma semente extra de 58 dólares...e a escrever o nome de meu filho, Jason, sobre o cheque. Naquela época, ele tinha doze anos. Sua mãe e eu havíamos nos divorciado onze anos antes. Eu tinha gastado mais de 50 mil dólares em dois casos de custódia de filhos. A mãe dele havia se casado várias vezes. Ela fora apenas uma vez à igreja em onze anos. Mas eu conhecia o princípio de *atribuir um objetivo à semente.* Davi presenciou 70 mil pessoas morrerem em 72 horas e interrompeu a ação da praga ao levar uma semente a Deus (ver 2 Sm 24).

Em poucas semanas, aterrissei novamente no Aeroporto de Dallas. Minha secretária estava lá me esperando com notícias incríveis.

"Jason estará aqui dentro de uma hora, no outro aeroporto".

"O que há de errado?" perguntei, atônito.

"Nada. A mãe dele simplesmente decidiu que ele pode passar o resto da vida com você".

Noventa dias depois, lágrimas rolavam sobre o rosto dela em minha pequena Sala da Sabedoria, dentro de meu escritório. Ela começou a enviar para meu minstério cem dólares todo mês. Isso é que é um verdadeiro milagre!

Aconteceu Na Carolina do Sul

Depois de um tempo, eu estava na Carolina do Sul. No encerramento do culto, o Espírito Santo me fez contar a história da semente de 58 dólares que eu havia plantado em Washington, D.C. Eu havia contado o caso em centenas de lugares ao redor do mundo, e os resultados sempre eram impressionantes.

Então, contei na Carolina do Sul o milagre da Semente de 58 dólares.

Naquela tarde, um homem chamou o pastor e me acusou de ser trapaceiro...de tentar tirar das pessoas o valor de 58 dólares!

Quando soube disso, perguntei ironicamente ao pastor: "Eu pareço tão miserável assim?".

Vários anos se passaram. Recentemente, estava dando uma palestra na *New Life Bible College,* em Cleveland, Tennesse, e resolvi contar a história do homem que me havia chamado de trapaceiro.

Uma senhora se levantou e pediu alguns minutos para compartilhar algo. Eu concordei.

"Acabamos de nos mudar da Carolina do Sul. *Meu irmão* foi a pessoa que lhe chamou de trapaceiro. Eu também falei muito mal de seu ministério durante muitos anos, mas me converti em uma igreja aqui...e o Senhor ordenou que eu me submetesse ao seu ministério se estivesse procurando um milagre financeiro". Depois ela me disse, em particular, que seu irmão havia perdido tudo e estava passando pelo prcesso de falência.

O irmão dela não reconheceu o libertador financeiro que Deus lhe havia enviado naquela manhã de sábado.

No mesmo culto, uma pastora de Charlotte, da Carolina do norte, estava presente. Ela tirou seu talão de cheques da bolsa e plantou uma semente de 58 dólares. Dentro de poucos meses, um senhor para quem ela havia comprado remédio morreu repentinamente. Ela pensou que ele era miserável. Depois da morte dele, descobriu que ele não era nem um pouco pobre. Na verdade, ele havia deixado para ela: 1) uma igreja completamente sem dívidas, 2) duas casas sem dívidas e 3) 27 acres de terra sem dívidas. Dois anos depois, um relatório geológico informava que havia ouro naquele território.

O reconhecimento de um libertador financeiro realmente funciona.

23 Fatos Sobre Libertadores Financeiros

1. O Libertador Financeiro Pode Ter Uma Personalidade Que Deixe Você Desconfortável.

2. O Libertador Financeiro Pode Parecer Muito Confiante Porque Ele Mesmo Já Foi Alimentado de Forma Milagrosa Enquanto Viveu Junto Ao Riacho. (Ver 1 Rs 17.)

3. O Libertador Financeiro Pode Parecer Ter Pouco Interesse Nos Detalhes de Seu Sofrimento. Elias nem sequer pediu para ver o filho da viúva.

4. O Libertador Financeiro Pode Parecer Controlador E Autoritário. Elias disse à mulher exatamente o que fazer por ele.

5. O Libertador Financeiro Pode Dar Instruções Que Você Não Deseje Obedecer. Elias instruiu a mulher a levar comida para ele.

6. O Libertador Financeiro Pode Parecer Nunca Ter Experimentado Crise Financeira. Elias nunca mencionou o episódio do riacho.

7. O Libertador Financeiro Pode Não Demonstrar Compaixão. Elias nunca derramou lágrimas ou expressou sua dor a respeito dos problemas da mulher.

8. O Libertador Financeiro Prioriza A Lei Que Fornece A Você Uma Saída, Não As Memórias Dolorosas Que Você Fica Alimentando.

9. O Libertador Financeiro Reconhece Que Sua Dúvida Interrompeu O Milagre, E É Responsabilidade Dele Liberar Sua Fé.

10. O Libertador Financeiro Enxerga Um Futuro Diferente Porque Você Está Obcecado Com O Presente.

11. O Libertador Financeiro Pode Nunca Revelar A Dor Ou As Dificuldades Ocultas Dele. Deus o fez vencer. Ele conhece a dor. Ele conhece a perda. Mas, o trabalho dele é libertar você.

12. O Libertador Financeiro Enfrenta Um Grande Inimigo...A Dúvida.

13. O Libertador Financeiro Leva Você A Mudar Sua Perspectiva. Elias pintou uma imagem da provisão.

14. O Libertador Financeiro Pronunciará Palavras Para Liberar Sua Fé. Nada muda sem sua fé. Elias foi um libertador financeiro para a viúva de Sarepta. A unção dele quebrou o espírito de pobreza da viúva.

15. O Libertador Financeiro Provavelmente Já Enfrentou O Mesmo Inimigo Que Você Está Enfrentando. Elias viveu a agonia de um riacho seco. Ele já havia experimentado a mesma sensação de desamparo.

16. O Libertador Financeiro Já Lutou Com O Demônio do Medo E Venceu. É por isso que ele está qualificado para libertar você.

17. O Libertador Financeiro Fala de Expectativas, Enquanto Os Cativos Desejam Discutir Suas Experiências.

18. O Libertador Financeiro Discute O Futuro, Enquanto Os Cativos Desejam Discutir O Passado.

19. O Libertador Financeiro Intimida O Inimigo, Enquanto O Cativo É Intimidado Pelo Inimigo.

20. O Libertador Financeiro Tem Uma Perspectiva Diferente da do Cativo. O cativo se concentra na perda. O Libertador prioriza a vitória. O cativo se torna obcecado com sua dor. O Libertador se concentra em seu futuro.

21. O Libertador Financeiro Se Concentra No Rompimento de Cadeias, Não Na Compreensão Delas. Algumas pessoas se detêm a analisar os motivos da crise. O libertador financeiro certamente irá expor o inimigo, mas tentará fazer você se concentrar no processo de libertação.

22. É Sua Responsabilidade Reconhecer O Libertador Financeiro Que Deus Designou Para Você. Pode não parecer um libertador. Pode não falar como um libertador. Pode não agir como um libertador. Mas ele é a chave de ouro para sua vida.

23. Quando Você Abraçar Os Ensinamentos do Libertador Financeiro Que Deus Enviou, Suas Circunstâncias Mudarão Imediatamente. "Tenham fé no Senhor, o seu Deus, e vocês serão sustentados; tenham fé nos profetas do Senhor, e terão a vitória", (2 Cr 20:20).

Minha Mãe Reconheceu Uma Unção

Uma experiência interessante aconteceu com minha mãe. Ela me chamou à sua pequena Sala da Sabedoria certo dia.

"Filho, quero compartilhar algo pessoal com você. Existe uma unção sobre sua vida que não compreendo. Amo todos os meus filhos. Todos eles são filhos de Deus, abençoados. Mas parece haver uma unção incomum sobre sua vida. A bênção do Senhor está sobre você. Nunca conheci ninguém em toda minha vida que recebesse tais bênçãos do Senhor. Não compreendo isso, mas tenho observado sua vida. Seu pai não sabe que economizei este dinheiro, por isso não diga nada a ele. Você disse que quebrou a estrutura da pobreza com uma semente de mil dólares. Você sempre diz que o que acontece com uma fé mil dólares não acontece em nenhum outro lugar. Então, aqui está minha semente especial de mil dólares".

Senti-me surpreso e um pouco desconfortável. Aquela era minha preciosa mãe. Eu sempre soube quanto eram limitadas as finanças dela. Então eu disse: "Mãe, Deus tem sido muito bom para mim. Eu não preciso da sua semente de mil dólares. Todas as nossas contas estão pagas. O ministério está cada vez mais forte. Vou orar por você e pedir que Deus a abençoe".

Mas ela estava inflexível e um pouco aflita: "Não, filho. Tenho de plantar esta semente. Ela é muito importante para mim. Quero que você ore para que Deus me abençoe e faça cair sobre mim a unção da bênção também".

Deixe-me divagar por um momento.

A Unção de Boaz

Em todo lugar que vou, Deus tem me direcionado a orar a "unção de Boaz" sobre a semente de mil dólares. Aqui está o que existe por detrás disso.

Rute prezou Boaz e também a bênção sobre a vida dele. Mais tarde, ela se tornou esposa de Boaz e tudo que ele tinha *entrou na vida dela também.*

▶ A unção que você respeita é a unção que vem sobre sua vida.

▶ A unção que você serve é a unção que se multiplica em sua vida.

▶ A unção que voê semeia é a unção que aumenta em sua vida.

Sendo assim, tenho compartilhando publicamente como quebrei a estrutura da pobreza com uma semente de mil dólares.

Se houver alguma coisa da qual você pode se libertar, é porque você conseguiu controlá-la. Quando você se liberta com uma oferta generosa, você controlou a ambição em sua vida.

de volta à história sobre minha mãe. Segurei o cheque de mil dólares e orei para que Deus milagrosamente começasse uma nova bênção na vida dela.

Alguns dias depois, estava em uma pequena

igreja na Pennsylvania. Na manhã de segunda-feira, enquanto me despedia, o pastor e sua esposa estavam com os olhos cheios de lágrimas. "Dr. Mike, não conhecemos sua mãe nem seu pai. Gostaríamos muito de conhecê-los. Mas a Junta achou que deveríamos abençoar sua mãe e seu pai". *Eles me entregaram 2 mil dólares!* Metade da quele valor estava destinado a minha mãe e a outra metade estava destinada ao meu pai.

A semente de mil dólares dela colocou a bênção em ação...nove dias depois.

Se, como a viúva, você estiver passando fome, tenho certeza de que o Jeová-Jiré deste universo tem um Elias, um libertador financeiro para sua vida.

Minha pergunta é: *"Você pode reconhecê-lo?".*

O reconhecimento de um libertador financeiro pode destruir as trancas de sua prisão para sempre.

❧ 12 ❧

Reconhecimento de Um Homem de Deus

Ou Você É Um Cativo Ou Um Libertador.
Homens e mulheres de Deus são libertadores.

São pessoas que *reconhecem* a autoridade de Deus e se submetem a ela. Eles reconhecem o *plano* de Deus e cooperam com ele. Eles reconhecem as *conseqüências da desobediência* a Deus...e obedecem.

Eles odeiam a dúvida e a incredulidade.

Eles temem a Deus.

Eles guardam os mandamentos divinos.

Eles são obcecados em fazer a vontade de Deus na terra.

Mas, como os fariseus, milhões de pessoas não reconhecem o homem de Deus destinado a levar mudança e revolução à sua vida.

O conselho dos pastores é ignorado.

O prognóstico dos profetas é levando na brincadeira.

O mundo ridiculariza nos programas de entrevistas noturnos os ministros do evangelho.

Os escarnecedores não os reconhecem.

Os rebeldes se recusam a reconhecê-los.

O ignorante deprecia os conselhos deles.

Duas classes de pessoas existem na face da terra: os libertadores e os cativos. Os cativos são aqueles presos pelo pecado, pelos hábitos, pelo erro, pela filosofia ou por qualquer coisa que os impedem de alcançar a excelência, a perfeição e a vida no Espírito. Os libertadores pensam diferente dos cativos:

▶ Os cativos discutem a dor.

▶ Os libertadores destroem a dor.

▶ Os cativos pensam que os libertadores não se importam.

▶ Os libertadores se importam o suficiente para lutar.

▶ Os cativos desejam atenção.

▶ Os libertadores desejam liberdade.

Os libertadores são ungidos para libertar os cativos. "O Espírito do Soberano, o SENHOR, está sobre mim, porque o SENHOR ungiu-me para levar boas notícias aos pobres. Enviou-me para cuidar dos que estão com o coração quebrantado, anunciar liberdade aos cativos e libertação das trevas aos prisioneiros", (Is 61:1).

A unção permite que os libertadores avaliem de forma precisa o inimigo. É por isso que os libertadores odeiam as correntes e a escravidão, e desejam libertar os cativos.

Lembro-me de quando um de meus cachorros estava com um espinho fincado na pata. Quando tentei ajudá-lo, ele se distanciou de mim univando. Meu cachorro *precisava* de ajuda, mas a dor absorvia de tal maneira sua atenção que ele não apreciou nem um pouco meu desejo nem minha habilidade para ajudar.

Isso lembra muito as pessoas em dificuldade. Elas estão tão obcecadas com a dor, as memórias e os fardos que quando o libertador aparece, elas sempre parecem não percebê-lo.

20 Fatos Importantes Sobre Homens E Mulheres de Deus

1. Os Verdadeiros Homens E Mulheres de Deus São Necessariamente Diferentes Porque Sua Missão É Diferente. João Batista tinha uma missão diferente da do Apóstolo Paulo. Billy Graham tem uma missão diferente da de Benny Hinn. Deus usa nossas diferentes experiências, personalidades e pontos de vista para atingir o fim que deseja.

2. Os Homens E Mulheres de Deus Nem Sempre Compreendem Uns Aos Outros. Pedro e Paulo tinham suas diferenças. Ao longo da história, grandes homens nem sempre têm estado de acordo. Jó disse: "Não são só os mais velhos, os sábios, não são só os de idade que entendem o que é certo", (Jó 32:9).

3. Os Homens E Mulheres de Deus, Às Vezes, Também Experimentam O Fracasso. Jonas não foi o único homem desobediente a Deus na história. Miquéias não foi o único profeta desapontado que já viveu. Elias não foi o último profeta a desejar cometer suicídio.

O homem de Deus é um barômetro para aqueles a quem é designado para abençoar. Ele sente as dores das pessoas. Ele já passou por frustrações. Isso aumenta sua eficácia no relacionamento com os outros.

4. Os Homens E Mulheres de Deus, Às Vezes, Rebelamse Contra Sua Missão. Jonas assim o fez (ver Jn 1-4).

5. Os Homens E Mulheres de Deus Sempre Fazem Transparecer A Autoridade de Deus, Que Intimida Uns E Revigora Outros. A mensagem de

Estêvão provocou a ira de muitas pessoas, mas a libertação de outras.

6. Os Homens E Mulheres de Deus São As Ferramentas Mais Sutis Que Deus Usa Para Lidar Com As Pessoas. Os Israelitas se revoltaram contra Moisés. Ele ensinou. Ele chorou. Ele implorou. Mas quando eles ignoraram a voz do homem de Deus, o castigo chegou. Deus abriu a terra e a fez engolir alguns. O fogo consumiu outros.

7. Os Homens E Mulheres de Deus, Às Vezes, Fogem Às Convenções Humanas. João Batista não seria aceito na sociedade de hoje, mas Deus estava com ele.

8. Os Homens E Mulheres de Deus Nem Sempre Têm Personalidade Agradável. Isaías e Ezequiel não seriam muito populares entre a maioria dos cristãos de hoje.

9. Os Homens E Mulheres de Deus Nem Sempre Usam As Palavras de Excelência Acadêmica E de Educação Superior. Deus prefere usar o coração do humilde à voz de seda do talentoso (ver 1 Co 2:1-4).

10. Os Homens E Mulheres de Deus Nem Sempre Reconhecem Quando Deus Fala Com Outras Pessoas de Deus. Aqueles simplesmente devem respeitar o fato de que estes também são homens de Deus. "Tenham fé no Senhor, o seu Deus, e vocês serão sustentados; tenham fé nos profetas do Senhor, e terão a vitória", (2 Cr 20:20).

11. Os Homens E Mulheres de Deus Nem Sempre Se Adaptam Socialmente. Deus usa as coisas tolas para confundir as sábias.

12. A Determinação Dos Homens E

Mulheres de Deus Sempre É Perturbadora Para Os Indecisos. (Ver Jo 19:11-12.)

13. A Santidade Dos Homens E Mulheres de Deus Inquieta Os Ímpios. (Ver At 7:54-59.)

14. A Coragem Dos Homens de Deus Sempre Provoca A Ira Nos Manipuladores. (Ver At 16:17-24.)

15. O Preço Pago Por Ignorar Um Homem de Deus Sempre É Devastador. Você se lembra de quando Ananias e Safira mentirma para Pedro?

16. Ignorar O Homem de Deus Que Abastece Sua Fé Pode Produzir Uma Vida Inteira de Perdas. Quando ignoraram a fé de Moisés, de Josué e de Calebe, os Israelitas passaram mais de quarenta anos de lágrimas e de perambulação no deserto.

17. Quando Você Desrespeita Ou Desdenha O Homem de Deus, A Tragêdia Pode Ser O Resultado. Isso aconteceu quando alguns Israelitas riram do profeta Eliseu, chamando-o de "careca".

18. O Desrespeito Ao Homem de Deus Criará Uma Perda de Relacionamento Com O Senhor. Os fariseus desprezaram a Jesus. Você também nunca o viu tomando ceia com eles. Mas quando Zaqueu, o ímpio cobrador de impostos, honrou a Jesus, o Mestre se fez acessível a ele. A refeição que tiveram juntos mudou o curso da vida do cobrador de impostos.

19. O Ímpio, Às Vezes, Reconhece O Homem de Deus Antes do Povo Cristão. Zaqueu reconheceu a Jesus, enquanto os fariseus nunca o fizeram. O faraó, líder do Egito, viu o Espírito de Deus em José (ver Gn 42).

20. O Reconhecimento de Um Homem de Deus Libera O Acesso Ao Senhor. Saul desrespeitou Davi. Davi fugiu. Mas o filho de Saul, Jônatas, que reconheceu o manto divino sobre Davi, tinha completo acesso a ele.

8 Obstáculos Que Impedem As Pessoas de Reconhecer Um Homem de Deus

1. O Orgulho Pode Impedi-Lo de Enxergar O Homem de Deus. Os fariseus estavam cheios de orgulho espiritual. Eles nem reconheceram Jesus como o Filho de Deus. Mas, um cobrador de impostos pecador, Zaqueu, reconheceu-o e Jesus respondeu.

2. A Culpa Pode Impedi-Lo de Enxergar O Homem de Deus. Quando as pessoas se sentem culpadas pelo pecado, são intimidadas pela presença do homem ou da mulher santa de Deus. Estêvão é um exemplo. Quando ele pregou, a convicção golpeou o coração das pessoas. Elas apedrejaram Estêvão. (Ver At 7.)

3. A Inveja Pode Impedi-Lo de Enxergar O Homem de Deus. Nada é mais mortal que invejar o jeito que Deus usa outros homens e mulheres. O rei Saul é um exemplo. Davi era o deleite dos Israelitas. Ele era amado por todos. Saul se tornou invejoso. Sua inveja o cegou para agrandeza e o talento de Davi. Ele até tentou matá-lo. Mas Jônatas, seu filho, *reconheceu Davi como um homem de Deus.*

A inveja e o ciúme têm roubado de nós muitas bênçãos. Os ministros devem evitar a armadilha da comparação. Quando um homem de Deus atrai milhares de freqüentadores aos seus cultos, sua responsabilidade é proporcional à recompensa Nenhum de nós percebe a pressão e o estresse que o sucesso excepcional pode criar. Invejamos a reação das multidões aos outros e raramente oramos para que esses homens de Deus sejam capazes de suportar o sofriemnto que tal posição acarreta.

4. Influências Erradas Podem Impedi-Lo de Enxergar O Homem de Deus. Quando lemos que os rapazes de Betel zombaram e menosprezaram Eliseu e gritaram: "Suma daqui, careca!", (2 Rs 2:23), percebemos um segredo aqui. É claro que os pais deles os influenciaram. É muito perigoso quando os pais falam de forma desdenhosa dos homens e mulheres de Deus. Já ouvi declarações horríveis da boca de pais que se intitulam cristãos, relacionadas a evangelistas da televisão. Mais tarde, seus filhos continuarão esse ponto de vista distorcido.

Avalie continuamente as atitudes daqueles que estão influenciando a sua vida. Todo mentor tem preconceitos. O protegido deve detectá-los e corrigilos na própria vida.

5. Os Mentores Preconceituosos Podem Impedi-Lo de Enxergar Homens E Mulheres de Deus Dignos. Se seu mentor espiritual passou por experiências desastrosas com um ministério de cura, ele pode levar você a rejeitar tais ministérios. Se ele teve uma experiência infeliz com pregação da prosperidade, você pode inconscientemente perpetuar esse preconceito contra os que pregam bênçãos excepcionais vindas de um Deus excepcional.

6. A Arrogância Pode Impedi-Lo de Enxergar O Homem de Deus. Hamã ressentiu-se muito com Mardoqueu. Quando Mardoqueu se recusou a prostrar-se perante ele, Hamã se propôs destruí-lo. É uma história horrível, porém verdadeira, que se encontra no livro de Ester. Hamã, celebrado pelo rei, tinha um coração mau. Mardoqueu sabia disso. A arrogância de Hamã o deixou cego para enxergar a grandeza de Mardoqueu.

7. Sua Agenda Pode Impedi-Lo de Enxergar O Homem de Deus. Há vários anos, organizei a Conferência Mundial da Sabedoria. Nancy Harmon, uma querida amiga, me disse que um ministro amigo meu se sentiu direcionado a solicitar uma oferta para meu ministério. Ignorei o pedido, porque já havia recebido a oferta de acordo com a programação. Não quis quebrar o ritmo de meus planos para a conferência. Outro ministro se aproximou de mim e repetiu o que Nancy havia dito. Expliquei que minha programação e meus planos já estavam estabelecidos. Finalmente, o homem de Deus se aproximou de mim, chorando. "Eu realmente me sinto direcionado pelo Espírito em pedir uma oferta para seu ministério, Mike", ele disse, em meio às lágrimas. Relutantemente, aceitei.

Quinze minutos depois, as pessoas saíram de seu lugar para semear sementes. Cerca de 100 mil dólares de ofertas em dinheiro e em promessas de fé foram feitas. Permaneci em um canto silenciosamente. Em nenhum segundo senti Deus naquele processo. Aquela sensação me apavorava. Como o anfitrião da conferência, sentia a responsabilidade de ouvir a voz de Deus a respeito de tudo que acontecia. Mas Ele optou por falar com outros, sem o confirmar em meu espírito.

Naquele dia, aprendi algo vital.

É importante reconhecer o homem de Deus, mesmo quando você falha em ouvir a voz de Deus pessoalmente. Uma ilustração fascinante está em 1 Reis 17. Quando a viúva recebeu a instrução do profeta, não existe nenhuma menção de que Deus tinha confirmado aquela instrução no coração dela. Na verdade, o oposto aconteceu. A Bíblia diz simplesmente que "ela foi e fez conforme Elias lhe dissera", (v. 15). Não foi o Espírito Santo. Não foi a voz interior dela. Ela *reconheceu* um homem de Deus e obedeceu às instruções dele de forma explícita. O milagre aconteceu. Ela nunca passou necessidade.

8. A Vida Particular Pode Impedi-Lo de Enxergar Os Homens E Mulheres de Deus. Os pastores experimentam tormento nesse ponto. Pelo fato de as pessoas os observarem nas situações cotidianas, o lado meramente humano deles logo se torna evidente. Infelizmente, a fraqueza deles sempre se torna o foco da atenção delas. A vida particular se transforma em armadilha devastadora. Mas outro ministro pode subir ao púlpito e pregar a mesma mensagem, e as pessoas reagirão de forma positiva. A vida particular dele não está exposta. Meu pai sempre recebia evangelistas que chegavam e pregavam as mesmas mensagens que ele. Mas as pessoas diziam: "Uau! Nunca ouvimos uma pregação sobre isso!". Os membros do ministério que se opuserem à visão de seu líder pagarão amargamente por sua rebelião.

A esposa de um homens de Deus que falhar em discernir a unção do marido perderá grandes benefícios se a *vida em família a cegar.*

Os filhos dos pregadores que não diferenciarem o

pai do homem de Deus podem se rebelar e enfrentar sérias conseqüências.

4 Sugestões Para Os Ministros

1. Comporte-Se Como Homem Ou Mulher de Deus...Em Todos Os Momentos. Não permita que a atmosfera confortável de uma cafeteria embace sua visão da glória, da grandeza e da pureza do nosso Deus. Não permita que as piadas e que o escárnio de outras pessoas removam a atmosfera santa ao seu redor.

2. Nunca Conte Piadas Sujas Nem Ria Com Aqueles Que As Contam. Depois do culto, certa noite, saí para jantar com um homem de Deus famoso e com as pessoas que o acompanhavam. Alguém pediu a um daqueles ministros que me contasse uma piada específica. Ele respondeu: "Acho que Mike não vai gostar desse tipo de piada".

Os outros me olharam com uma certa expectativa. Eles estavem certos de que eu diria: "Claro! Só existem homens aqui. Eu compreenderei!".

Olhei para o ministro e disse mansamente: "Sempre desejo ouvir algo que aumente minha paixão por Cristo". A mesa fez um silêncio perturbador. No final, a conversa foi direcionada para outro assunto. Mantenha o alto padrão, independentemente de quem esteja com você.

3. Lembre-Se de Que Você Possui Duas Naturezas. *Aquela que você decidir alimentar se tornará mais forte.* O curso de golfe não deve estar no lugar onde sua fraqueza é alimentada, o pecado é encorajado e o estilo de vida santo é esquecido.

4. Avalie Continuamente A Maturidade Daqueles Ao Seu Redor.

Davi se comportava "sabiamente" perante as pessoas. Isso não significava que ele tinha duas caras, mas que reconhecia o comportamento que os outros interpretavam de forma adequada.

Toda conversa envia uma mensagem.

Toda piada envia uma mensagem.

O reconhecimento de um homem e de uma mulher de Deus é vital para seu sucesso. Quando Deus quiser abençoar você, ele enviará um homem de Deus à sua vida. É sua responsabilidade discernir quem é, respeitá-lo e seguir suas instruções. "Tenham fé no SENHOR, o seu Deus, e vocês serão sustentados; tenham fé nos profetas do SENHOR, e terão a vitória", (2 Cr 20:20).

A incredulidade destrói você. "Se vocês não ficarem firmes na fé, com certeza não resistirão!", (Is 7:9).

O reconhecimento de um homem de Deus gerará milagres instantâneos, mudanças dramáticas e evitará milhares de tragédias em sua vida.

❧ Mateus 7:11 ❧

"Se vocês, apesar de serem maus, sabem dar boas coisas aos seus filhos, quanto mais o Pai de vocês, que está nos céus, dará coisas boas aos que lhe pedirem!".

～ 13 ～

RECONHECIMENTO DE SEU DOM PREDOMINANTE

Todo Mundo Recebe Dons de Deus. Poucos reconhecem o seu dom *predominante.* *Davi reconheceu.* Ele era mais que um cantor. Era mais que um pastorzinho. Era um guerreiro e sabia disso. Por isso ele reconheceu uma oportunidade para seu dom florescer quando Golias amaldiçoou seu Deus.

José conhecia seu dom predominante. Ele era mais que um intérprete de sonhos. Na verdade, as Escrituras documentam dois ou três episódios que mostram isso. Seu dom era uma compaixão excepcional. Esse dom o fez reconhecer o semblante do mordomo e do padeiro na prisão. A infelicidade deles era a articulação de ouro para a ascensão ao trono. Amo o que meu querido amigo Sherman Owens ensina: "Ouçam as vozes felizes do *encorajamento;* ouçam as vozes infelizes das *idéias".*

O Apóstolo Paulo conhecia seu dom predominante. "Eu sou chamado de apóstolo...". Ele era mais que um pensador. Era mais que um comunicador. Seu dom era apresentar a revelação de Deus.

14 Fatos Que Você Deve Saber Sobre Seus Dons E Talentos

1. Jesus Queria Que Reconhecêssemos Que Deus Nos Dá Dons Maravilhosos. "Se vocês, apesar de serem maus, sabem dar boas coisas aos seus filhos, quanto mais o Pai de vocês, que está nos céus, dará coisas boas aos que lhe pedirem!", (Mt 7:11).

2. O Espírito Santo É Quem Lhe Dá Todos Os Dons, Talentos E Habilidades Que Você Possui. "Há diferentes tipos de dons, mas o Espírito é o mesmo", (1 Co 12:4).

3. O Espírito Santo Nos Dá Diferentes Tipos de Dons, Relacionados À Nossa Missão Na Terra. "Todas essas coisas, porém, são realizadas pelo mesmo e único Espírito, e ele as distribui individualmente, a cada um, como quer. Ora, assim como o corpo é uma unidade, embora tenha muitos membros, e todos os membros, mesmo sendo muitos, formam um só corpo, assim também com respeito a Cristo", (2 Co 12:11-12).

4. Seus Dons Foram Dados Para Ajudar Os Homens de Deus A Cumprirem As Instruções E A Visão Divinas. "Assim Bezalel, Aoliabe e todos os homens capazes, a quem o SENHOR concedeu destreza e habilidade para fazerem toda a obra de construção do santuário, realizarão a obra como o SENHOR ordenou. Então Moisés chamou Bezalel e Aoliabe e todos os homens capazes a quem o SENHOR dera habilidade e que estavam dispostos a vir realizar a obra", (Êx 36:1-2).

5. Seu Dom Lhe Foi Concedido Para Solucionar Os Problemas Daqueles Que Estão

Próximos A Você. "Quanto lhe for possível, não deixe de fazer o bem a quem dele precisa", (Pv 3:27).

6. Quando Seu Dom Predominante Se Tornar Sua Semente Na Vida Dos Outros, Deus Lhe Garantirá Uma Recompensa Generosa. "...porque vocês sabem que o Senhor recompensará cada um pelo bem que praticar, seja escravo, seja livre", (Ef 6:8).

7. Poucos Reconheceram Seu Dom Predominante. Isso explica por que milhões de pessoas jamais desfrutaram a recompensa pelo dom que possuem. Nada é mais atormentador que viver uma vida cuj talento não traz benefício a ninguém.

8. A Obsessão Com As Própias Falhas Sempre Impedirá de Enxergar Seu Dom Predominante. Estamos sempre nos analisando. Enquanto nos colocamos diante do espelho a cada manhã, ficamos ressaltando as qualidades que mais nos desencorajam. É um exercício doloroso.

Marilyn Hickey, uma velha amiga, compartilhou uma experiência interessante. Ela havia acabado de retornar da China. Quando terminei de falar em sua igreja em Denver, no Colorado, ela se inclinou para mim e me contou uma história. A China possui os melhores jogadores de pingue-pongue da terra. Então, ela perguntou ao principal orientador dos campeões como eles lidava com as fraquezas de seus discípulos. Ele explicou que ele as ignorava, preferia dedicar-se ao desenvolvimento da característica ou do dom predominante até seu nível mais elevado. A qualidade dominante de um jogador recebia atenção total, e isso compensava qualquer fraqueza.

9. Seu Dom Predominante Funcionará

Bem Em Um Ambiente Hostil. Um jovem e brilhante boxeador declarou: "Quanto maior o desafio, mais energia é gerada dentro de mim". Um pintor de casas pode receber alguns dólares por hora, mas se você contratá-lo para pintar os cinqüenta andares de um arranha-céus, o salário dele será multiplicado. *Uma atmosfera adversa aumentará a recompensa do dom.* Pare de pensar que seu dom não pode ser usado no ambiente de hostilidade que existe ao seu redor. Isso terá maior recompensa, assim como Davi foi muito bem recompensado por matar Golias.

10. A Perspectiva Dos Outros Pode Distorcer A Consciência Que Temos de Nosso Dom Predominante. Nossa família e nossos parentes conhecem nossas fraquezas desde nosso nascimento. Elas se tornam o foco da atenção deles. Infelizmente, nos adaptamos a isso. Começamos a prestar mais atenção ao que eles desprezam.

11. A Admiração Dos Outros Por Dons Diferentes Nos Cegam Em Relação Ao Nosso Dom Predominante. Isso aconteceu comigo quando eu era garoto. Todos honravam meu pai. Minha mãe continuamente expresava seu respeito e sua admiração. Papai era um homem muito calado. Nós, os sete filhos, nos lembramos de um pai quieto e sem muita conversa quando estava à mesa. Uma vez que ele era admirado por aqueles que eu amava, passei a admirá-lo também. Eu queria ser como papai. Bem, minha personalidade era muito diferente. Eu conversava muito. Na verdade, sempre tirei notas muito baixas em comportamento. Mas parecia que aquela quietude era magnética. Parecia que todos amavam as pessoas quietas. Então, resolvi escrever algumas frases em cartões, enfatizando a importância do silêncio: "Observe antes de falar..."; "Prefira ficar quieto..." etc. Toda vez que eu sentia uma vontade tremenda de dizer alguma coisa, em qualquer grupo onde estivesse, tirava um dos cartões, e o lia desesperadamente. Eu queria ser uma "pessoa quieta" mais que qualquer coisa na vida.

Esse desejo se tornou um fardo mais pesado do que eu podia carregar.

Finalmente, procurei minha mãe: "Mamãe, preciso falar!".

Ela me sugeriu algo que ninguém havia pensado antes.

"Filho, talvez haja algum dom envolvido nisso. Agora, temos de orar e pedir ao Senhor que lhe dê algo para dizer que as pessoas não recusem ouvir".

Foi aí que nasceu minha obsessão para a substância e a essência em toda conversa.

12. Seu Dom Será Removido Se Você Não Utilizá-Lo. "Tirem o talento dele e entreguem-no ao que tem dez. Pois a quem tem, mais será dado, e terá em grande quantidade. Mas a quem não tem, até o que tem lhe será tirado. E lancem fora o servo inútil, nas trevas, onde haverá choro e ranger de dentes", (Mt 25:28-30).

13. Aquilo Que Você Faria Com Prazer Todos Os Dias de Sua Vida É Uma Pista Para Descobrir Seu Dom Predominante. Se o caso não envolver dinheiro, se a conveniência estiver fora de questão, o que você faria com sua vida?

Aqui está um pequeno teste:

Se todo ser humano sobre a terra tivesse permissão de receber apenas um salário mínimo por mês para trabalhar (desde o motorista de táxi até o presidente do país), o que você escolheria como atividade permanente?

14. A Importância Não Está Na Semelhança Com O Outro Dom, Mas Na Diferença. Você não se casou com seu marido por ele lembrar seu ex-namorado. Ele é diferente de seu antigo namorado. Você não freqüenta sua igreja local porque ela o faz lembrar a igreja que existe do outro lado da cidade. Ela é diferente daquela que existe do outro lado da cidade.

Celebre a diferença.

É maravilhoso aprender com os outros. Amplie seu conhecimento e suas habilidades sempre que possível. Mas se você deixar de reconhecer que seu dom predominante lhe foi entregue por Deus para um fim diferente, esse talento será anulado.

Homens excepcionais são simplesmente homens comuns que reconheceram seu dom excepcional.

O reconhecimento de seu dom predominante pode tirá-lo da obscuridade e torná-lo importante em um único dia.

～ 14 ～

RECONHECIMENTO DE SUA FRAQUEZA DOMINANTE

Todo Humano Possui Fraquezas.
Deus faz referência a essas fraquezas: "Lembrouse de que eram meros mortais, brisa passageira que não retorna", (Sl 78:39).
Uma fraqueza pode destruir você.
Recusar-se a reconhecê-la é garantir a própria destruição.

O reconhecimento de sua fraqueza dominante pode lhe poupar milhares de noites de lágrimas, de fracassos e de tristeza. Pessoas brilhantes, articuladas e poderosas às vezes permitem que uma minúscula fraqueza se alastre como um câncer. *Coisas que começam pequenas podem se tornar grandes.* A ambição, a luxúria, a mentira, a falta de oração e até a fofoca podem alastrar-se até tornar a frqaqueza um fogo destruidor.

Você não pode ignorar sua fraqueza dominante. Sua fraqueza é como uma pessoa dentro de você, um organismo vivo. É uma força silenciosa e mortal que empurra sua vida em direção à destruição. Se for ignorada, destruirá todos os seus sonhos, sabotará todos os seus relacionamentos dignos e, no final, fará de você um monumento à desgraça sobre a terra.

17 Fatos Importantes A Lembrar Sobre Sua Fraqueza

1. Todo Mundo Tem Uma Fraqueza. "Todos pecaram", (Rm 3:23). Muitos camuflam sua fraqueza. Lembre-se que aqueles ao seu redor também têm fraquezas. A fraqueza em discernir a própria fraqueza pode destruí-lo também.

2. Seu Pai Celestial Está Ciente de Sua Fraqueza Pessoal. Isso é importante para ele. Ele se preocupa. Ele deseja lhe dar forças para destruir a fraqueza. "Lem-brou-se de que eram meros mortais", (Sl 78:39); "Lembra-se de que somos pó", (Sl 103:14).

3. Sua Fraqueza É Ponto de Entrada Para Espíritos Demoníacos. Satanás entou em Judas (ler Jo 13:26).

4. Deus Trabalhará Para Lhe Revelar Sua Fraqueza Antes Ela Destrua Você. "Simão, Simão, Satanás pediu você para peneirá-los como trigo", (Lc 22:31).

5. Alguém Será Designado Pelo Inferno Para Alimentar Sua Fraqueza. Dalila foi enviada pelo Diabo para destruir Sansão (ver Jz 16:4-5).

6. Sua Fraqueza Pode Ser Contagiosa. O espírito contencioso, por exemplo, pode se espalhar por uma igreja inteira por meio daqueles que toleram sua existência e não o reprimem nem corrigem.

7. Sua Fraqueza Está Programada Para Tomar Conta de Sua Vida E Sabotá-La. "Esse desejo, tendo concebido, dá à luz o pecado, após ter se consumado, gera a morte", (Tg 1:15).

8. Sua Fraqueza O Fará Juntarse Às Pessoas Erradas. Lembre-se de Sansão e Dalila! (Jz 16:4-20).

9. Sua Fraqueza O Separará Das Pessoas Certas. Adão se afastou de Deus depois de ter pecado. Sua fraqueza o fará sentir-se desconfortável na presença daqueles que se recusam a justificá-la (ver Gn 3:8).

10. Sua Fraqueza Pode Emergir A Qualquer Momento, Inclusive Em Seus Últimos Anos de Vida. "Não me rejeites na minha velhice; não me abandones quando se vão as minhas forças", (Sl 71:9). Creio que foi o Dr. Lester Summrall que declarou certa vez: "O que você não conseguir controlar em seus anos de juventude controlará você na velhice". É verdade, o que você falhar em conquistar na juventude o destruirá na velhice.

11. Sua Fraqueza Não Pode Ser Vencida Com Filosofia, Explicações Ou Esforços Humanos. Se sua fraqueza pudesse ser vencida por você, o sangue de Jesus seria inútil, e o Espírito Santo, desnecessário. "Receberão poder quando o Espírito Santo descer sobre vocês", (At 1:8).

12. Sua Fraqueza Não Exige Necessariamente Confissáo Pública, Mas Que Você A Reconheça Na Presença de Deus. (Ver Sl 34:18; Tg 5:16.)

13. O Melhor Momento Para Destruir Sua Fraqueza É Na Fase Inicial. O tempo tece um fio de aço que se torna uma corrente inquebrável. Milhares de pessoas odeiam os cigarros que estão fumando, mas o tempo as escravizou.

14. Deus Permitirá Que Você Desfrute Muitas Vitórias, Mesmo Durante A Ação de Sua Fraqueza Dentro de Você. Ele é longânimo. Ele é misericordioso. Ele concede uma oportunidade atrás da outra para que você atinja a libertação (ver Mt 23:37).

15. As Pessoas Que Você Ama Estão Esperando Que Você Vença E Triunfe Sobre Suas Fraquezas. Sua vitória é uma mensagem para eles. Quando Davi matou Golias, toda a nação de Israel mudou de comportamento. Sua família pode estar passando pelo temor constante de que sua fraqueza destrua você e eles. Mas quando você se tornar vitorioso, o coração deles se regozijará e ficará fortalecido.

16. Sua Fraqueza Somente Poderá Ser Vencida Pela Palavra de Deus. Satanás é vulnerável à Palavra de Deus. Por isso Jesus usou a arma da Palavra no episódio da tentação (ver Mt 4:1-11).

17. A Vitória Sobre Sua Fraqueza Lhe Trará Recompensa Eterna. (Ver Ap 3.)

Qual a fraqueza dominante em sua vida, que satanás tem usado de form aconsistente para enfraquecer seu testemunho, distanciá-lo de seus propósitos e gerar a depressão? Você pode escondê-la por um período, mas o tempo expõe todas as coisas.

Encare sua fraqueza.

Transforme-se em inimigo dela. Confie que o Espírito Santo o fortalecerá.

A confissão é a evidência da confiança.

10 Segredos A Serem Lembrados

1. O Que Você Deixa de Destruir Acaba Destruindo Você. Deus ordenou a Saul que destruísse todos os amalequitas. Ele permitiu que o rei Agague vivesse. Na sua morte, um jovem guerreiro amalequita levou o crédito por concluir seu suicídio.

2. Aquilo de Que Você Quer Se Distanciar Determina O Que Deus Trará Até Você. Rute se distanciou de Moabe e conheceu Boaz, o marido excepcional. Judas não quis se distanciar do dinheiro oferecido a ele pela traição de Jesus. E cometeu suicídio.

3. Todos Caem, Mas Os Grandes Se Levantam Novamente. Sua fraqueza pode ser vencida. Mesmo quando você falhar, levante-se.

4. Não Olhe Para O Lugar Onde Você Está, E Sim Para Onde Você Está Indo. O dia de ontem já acabou. Que palavras o façam caminhar para o futuro, em vez de levá-lo de volta ao passado.

5. Você Não Pode Corrigir O Que Não Está Disposto A Enfrentar. Encare sua fraqueza. Se você a ignorar, ela crescerá

6. A Crise Sempre Acontece Quando Você Está Na Curva da Mudança. Quando ocorrem mudanças expressivas em nossa carreira, em nossa casa ou em nossos planos, é comum a crise aparecer. Nossa fraqueza ven à tona. Aprenda a discerni-la. Olhe para frente.

7. A Ira É O Lugar de Nascimento Das Soluções. Odeie sua fraqueza. Despreze-a. Depois canalize essa ira de forma apropriada.

8. A Luta É A Prova de Que Você Ainda Não Foi Derrotado. Você pode sentir que a batalha contra sua fraqueza é incessante. Essa é a prova de que você ainda é o campeão, o vencedor.

9. Aquilo Que Você Consegue Tolerar Não Poderá Mudar. Você não poderá vencer a fraqueza se mantiver uma atitude tolerante em relação a ela.

Se você acha que sua fraqueza é "um pequeno vício e que todo mundo está destinado a um", você pode ser destruído por ela.

10. Todo Relacionamento Alimenta Uma Fraqueza Ou Uma Força Dentro de Você. Chame os relacionamentos pelo que eles realmente são. Você mantém alguém em sua vida pelo fato de ele tolerar sua fraqueza? de a alimentar? de a fazer crescer? As pessoas erradas dão fôlego às fraquezas que Deus está tentando destruir.

O reconhecimento de sua fraqueza dominante o ajudará a evitar desgraça, perda e tragédia.

≈ 15 ≈

RECONHECIMENTO DE DOM PREDOMINANTE DE OUTRAS PESSOAS

A Grandeza Está Dentro Daqueles Que Você Ama. Você deve encontrá-la. Você deve concetrar sua atenção nela. Você deve reconhecê-la como o dom de Deus para você.

Tudo que você não tem está sendo cuidadosamente armazenado em alguém próximo a você.

O amor é o mapa secreto para esse tesouro.

Cometi um dos maiores erros da minha vida há muitos anos. Uma jovem muito espontânea e alegre trabalhava para mim. Quando ela entrava na sale, *todas as coisas pareciam sorrir.* O dom dela era o entusiasmo. Ela liderava minha empresa musical.

Um dia, abri os armários de arquivos. Tudo formava uma baita confusão. Os extratos de banco estavam fora de ordem. Uma verdadeira bagunça. Muito bravo, chamei-a ao meu escritório.

"Gosto muito de você. Você é muito especial para mim, mas não posso tolerar essa desordem em meu escritório. Está despedida. Sugiro que você freqüente o seminário, por minha conta. Sei que você ama a Deus, e que a mão dele está sobre sua vida".

Ela chorou. Eu chorei. Depois de algumas semanas, parecia que meu escritório era uma casa funerária. Nunca havia percebido quanto meus funcionários eram enfadonhos antes de ela partir! Era como se a morte houvesse tomado conta do lugar.

Alguns meses depois, algo me veio à mente. Eu queria que ela fosse uma *líder,* mas Deus lhe dera personalidade de *animadora de torcida.*

Ela era uma *motivadora,* não uma executiva.

O dom dela era a *alegria,* não o julgamento.

O dom dela era a *espontaneidade,* não a estrutura.

O dom dela era o *entusiasmo,* não a eficiência.

Desde então, tenho trabalhado arduamente para descobrir o dom predominante daqueles que estão próximos a mim. É importante *alimentar e desenvolver* esse dom, sem me preocupar com as fraquezas. Em seu círculo de amigos pode haver alguém que lhe sirva de exemplo, motivação, correção, fidelidade ou celebração. Não existe tudo isso em uma pessoa só.

4 Segredos Que Fortalecem A Amizade

1. Tudo Que Você Precisa Ou Deseja Está Escondido Em Alguém Próximo A Você. Deus armazena seu tesouro celestial nas veias terrenas.

2. Aquilo Que Você Respeita Se Voltará Para Você. Quando você respeita o dom de alguém, seu entusiasmo será visível. Eles terão a mesma atitude com relação a você.

3. Quando Deus Decidir Abençoar Você, Ele Colocará Uma Pessoa Em Sua Vida. Deus sabe como domar sua fraqueza. O que você não tem ele colocou próximo a você. É sua responsabilidade respeitar e encontrar isso.

4. Alguém Capaz de O Abençoar Ricamente Sempre O Estará Observando. Alguém está observando sua luta. Alguém sabe que você está em dificuldades. Eles podem solucionar seu problema pronta e rapidamente...se você bucar a ajuda deles.

O Que O Impede de Enxergar O Dom de Outra Pessoa?

O fracasso em reconhecer o dom predominante em outras pessoas pode ocorrer se nos tornamos obcecados com as falhas delas, absorvidos pelos nossos objetivos e sobrecarregados com horários excessivos.

Vários anos atrás, fui à casa de um amigo. Eu gostava muito dele e de sua companhia. Externamente, a casa dele era impressionante. Mas quando entrei, o que vi parecia um chiqueiro. Estava suja, tumultuada, desorganizada, a geladeira tinha marcas de digitais na porta. Quando fui preparar um sanduíche, comentei:

"Meu irmão, está tudo muito ruim aqui dentro. Não consigo comer neste tipo de ambiente. Sua casa precisa muito de uma limpeza!".

Ele ficou envergonhado e disse:

"Eu sei. Minha esposa se recusa a limpá-la. Pago por esta casa, pago a conta de luz, a conta de água, e me parece que o mínimo que ela deve fazer é limpá-la".

Ele ficou muito irritado, envergonhado e humilhado com aquela situação.

"Há quanto tempo estão casados", perguntei.

"Vinte anos".

"Tenho uma palavra profética para você, irmão! Ela não irá limpar esta casa, nunca! Se vocês estão casados há vinte anos e ela mantém a casa suja, não é o dom ou o desejo dela mudar isto".

"Mas, biblicamente, é a responsabilidade dela!" ele respondeu, aborrecido.

"Não exatamente" eu disse. "Você pode alongar a pequena expressão 'dona de casa' na direção que desejar, mas não encontrará provas bíblicas de que é responsabilidade da mulher tirar o pó da casa, fazer as camas e lavar os banheiros. Essa é uma *expectativa cultural,* não uma ordem bíblica".

Continuei:

"Você odeia o trabalho doméstico. Ela também odeia o trabalho doméstico. Existem pessoas que gostam de cuidar da casa. É onde encontram prazer. Tenho duas moças que são uma grande bênção em minha vida por limparem minha casa".

Depois, fiz-lhe uma outra pergunta:

"Quanto tempo você leva para ganhar 150 dólares?".

"Cerca de uma hora e meia", ele respondeu. Ele era vendedor.

"Quero que faça algo por você mesmo. Pague as duas moças que limpam minha casa para limpar a sua durante três dias, pois acho que esse será o tempo mínimo para que esta casa fique decente. A razão de eu querer que você pague esse trabalho é para que você se lembre de como é linda uma casa quando ele está limpa e em ordem. Trabalhe uma hora e meia a mais todo mês para ganhar 150 dólares extras. Reserve essa quantia para ter sua casa limpa".

Depois, fiz-lhe algumas perguntas muito sérias:

"Por que você se casou com sua esposa? do que você mais gosta nela? O que ela tem que mais o atrai?".

A atração dominante determina a longevidade do relacionamento.

"Amo a gargalhada dela. Ela sempre ri de minhas piadas. É uma pessoa muito divertida. Gosto de levá-la a todos os lugares", foi a resposta dele.

"Então, enquanto as duas moças estiverem limpando a casa, leve sua esposa para jantar em um restaurante! Sente-se com ela no jardim! Abrace-a e beije-a, conte as piadas que ela gosta de ouvir. Mas não a force a fazer coisas que ela odeia quando você pode ter alguém para fazê-las e ainda ganhar tempo para estarem juntos!".

Alguns não reconhecem a *diferença* excepcional e o dom dominante nas pessoas ao seu redor. Isso pode lhes custar muito caro.

O reconhecimento do dom dominante em outras pessoas multiplicará a alegria que elas lhe proporcionam.

∽ 1 Coríntios 10:12 ∽

"Aquele que julga estar firme, cuide-se para que não caia!"

∾ 16 ∾

RECONHECIMENTO DA FRAQUEZA DOMINANTE DAQUELES EM QUEM VOCÊ ESCOLHEU CONFIAR

A Fraqueza É Contagiosa.

Comportamento *permitido* se torna comportamento *aprovado.*

Todos os dias, o jornal está cheio de ilustrações e relatórios sobre um aluno de ensino médio que estava "no lugar errado, na hora errada e com as pessoas erradas". Recentemente, uma mãe contou-me que seu filho estava em um carro carregado de drogas. Ele nunca havia usado drogas, mas era amigo de alguns jovens que usavam. A polícia os parou. Todos receberam uma sentença de prisão, inclusive o filho dela.

Você não pode ignorar as fraquezas dos que estão ao seu redor.

Jonas é um exemplo marcante de pregador rebelde. Ele comprou passagem em um navio que ia para um destino diferente daquele que Deus havia designado para ele. Mas o castigo de Deus o seguiu.

Os rebeldes sempre são penalizados.

Sempre.

O navio quase naufragou. A ira de Deus fora provocada. Jonas estava no navio. Deus o estava pressionando para que ele se arrependesse e resolvesse mudar. Aqueles que permitiram a presença dele foram expostos à mesma ira e à mesma sentença. Quando eles jogaram Jonas do navio, as conseqüências da rebelião dele não foram mais sentidas. A calma surgiu. Você não deve ser como Jona, para que a tempestade não afete sua vida.

Quando você tolera a presença de pessoas rebeldes contra Deus, acaba experimentando o mesmo castigo que elas. Corá se rebelou contra a autoridade de Moisés, e quando o castigo foi aplicado, 250 pessoas foram destruídas com ele, inclusive sua família.

É fundamental que você conheça as fraquezas daqueles próximos a você.

Você deve reconhecer a fraqueza dominante de seu cônjuge. Satanás atacará sua vida...por meio de seu cônjuge. Certa vez um ministro me disse: "Eu me recusava a encarar o fato de que minha esposa gostava do ambiente dos ímpios. Ela amava aquele clima dos cassinos, das músicas profanas e das piadas sujas. Isso destruiu nosso casamento".

Você deve reconhecer a fraqueza dominante de seus filhos. Minha mãe procurava nos colchões, nas caixas, nos armários, em qualquer lugar...a fim de encontrar revistas ou qualquer outra coisa que confirmasse suas suspeitas sobre nós, garotos. E eu dizia:

"Mãe, você não confia em mim?".

E sua resposta usual era "Nem um pouco".

Ela estava ciente de que qualquer fraqueza existente nos filhos se infiltraria e contaminaria o clima da nossa casa. Tudo muda quando permitimos que uma fraqueza cresça perto de nós.

Você deve reconhecer a fraqueza dominante

daqueles que trabalham com você. Quando um jovem do qual eu gostava muito adulterou o preço para um dos meus vendedores, tive que demiti-lo. Ele explicou que estava tentando ganhar mais dinheiro para mim. Então percebi que se ele mentia para me ajudar, mais tarde estaria mentindo sobre mim também. Um dos maiores segredos da sabedoria que já descobri foi: *Aqueles Que Pecam Com Você, No Final Pecarão Contra Você.* *Você deve reconhecer a fraqueza dominante das pessoas que lidam com suas finanças.* Conversei com uma esposa cujo marido continuamente defraudava o governo nos impostos e nos relatórios. Por causa disso, depois de certo tempo, ele foi preso. Ela era indiferente para com a fraqueza dele. Agora, ela está se sacrificando financeiramente para sustentar os filhos. Quando vocie conhece a fraqueza dominante daqueles ao seu redor, isso lhe permite:

▶ *orar apropriadamente e com fe;*

▶ *preparar-se para as conseqüências.*

Todo Mundo Confia Em Alguém.

Aqueles em quem você escolheu *confiar* têm nas mãos o segredo de seu futuro.

8 Fatos Concernentes À Fraqueza Dos Outros

1. Jesus Compreendia As Fraquezas Das Pessoas Próximas A Ele. Pedro tinha alguns problemas pessoais. É por isso que Jesus disse: "Satanás pediu vocês para peneirá-los como trigo. Mas eu orei por você, para que a sua fé não desfaleça", (Lc 22:31-32).

2. Aqueles Que Servem Aos Homens de Deus Têm Suas Fraquezas. Observe Geazi. Seria natural pensar que ele tinha muito da presença de Deus, até mentir a Ñaamã e solicitar o presente que havia sido reservado para Eliseu, então sua fraqueza dominante veio à tona (ver 2 Rs 5:22).

Judas estava continuamente na presença de Jesus. Mas sua fraqueza floresceu (ver Mt 26:47-49).

Absalão tinha acesso ao maior guerreiro da história, o rei Davi. Mas sua inveja e a sede de poder o venceram (ver 2 Sm 15:2-6).

3. A Porta de Entrada Favorita de Satanás Em Sua Vida Sempre Será Alguém Próximo A Você. Isso aconteceu na vida de Jesus, de José e até de Paulo. E pode acontecer com você também.

4. Você Pode Amar As Pessoas Sem Confiar Cegamente Nelas. Tenho amigos de cuja companhia gosto muito. Eles riem facilmente e se importam profundamente comigo. Mas tenho aprendido a não confiar a eles certas *informações,* porque não são discretos. Eu não confio a eles as minhas *finanças,* porque não têm a integridade para quitar as próprias dívidas. Quando estou na empresa deles, gosto de me divertir com eles, do clima de tranqüilidade, mas meu amor por eles não exige que eu confie neles.

5. Algumas Pessoas São Confiáveis, Mas Não São Agradáveis. Você conhecerá pessoas de palavra. Elas não destruirão você. Elas não trarão prejuízo à sua vida, mas elas não compartilharão de seus objetivos ou de seus sonhos. Seu sucesso ativará a rivalidade delas, e não a admiração que têm por você.

6. Aprenda A Discernir Em Que Área Satanás Já Enganou Aqueles Que Você Ama. Um amigo meu passou por problemas com drogas. Ele já havia controlado a situação. Viajava para todos os lugares. Então, decidiu passar um tempo me ajudando no ministério. Fiquei horrorizado ao descobrir que em várias ocasiões enquanto trabalhava comigo, ele havia usado drogas. Se eu soubesse que aquela ainda era sua fraqueza, teria evitado essa péssima experiência.

7. A Fraqueza Dos Outros Sempre Floresce Na Presença de Determinados Amigos. Conheça esses amigos. Saiba como se comportam quando acompanham uns aos outros nas festas, nas férias e nos passeios.

8. Alguém Que Você Conhece Sempre Confiará Em Alguém Em Quem Você Não Confiaria. Tenho experimentado decepções com mais freqüência do que gosto de me lembrar. A decepção com a *amizade,* a armadilha da *exposição da vida pessoal* e o clima *estressante* têm destruído muitas amizades.

8 Sugestões Importantes Para Quando Você Reconhecer A Fraqueza Dominante Daqueles Que Ama

1. Não Permita Que Sua Imaginação Ou Sua Natureza Desconfiada Aumente A Fraqueza Dos Outros Fazendo-A Maior do Que Realmente É. Conversas e fofocas podem transformar pequenas fagulhas em grandes incêndios florestais de forma muito fácil. Espíritos de ciúme, inveja e mentira têm destruído muitos lares. Um espírito mentiroso se revela quando encontra você espreitando a falha de alguém. *Satanás transforma o pequeno em grande dentro de sua mente.*

2. Interceda Pela Pessoa Diante de Deus. Jesus orou por Pedro, e os resultados apareceram. A oração funciona. Peça ao Espírito Santo que lhe dê palavras para tratar adequadamente o problema.

3. Converse Diretamente Com A Pessoa Sobre A Fraqueza Dela. Se ela confessar, você ganhou um parceiro de oração e um possível amigo. Se ela se rebelar, estará apenas mostrando quanto é tola. Somente Deus poderá mudar o ponto de vista dela.

4. Insista Na Oração. Sem o Esírito Santo, todos nós falharemos. Convide Deus para se envolver.

5. Descubra Testemunhos de Quem Venceu Esse Mesmo Tipo de Fraqueza. Compre o livro ou compartilhe o testemunho com seu amigo.

6. Mantenha Para Sempre A Confidência da Fraqueza da Pessoa Entre Você E Deus. A glória do rei é "ocultar um problema".

A discrição é uma característica honrada.

A confidência, no final, será recompensada.

O silêncio dá a Deus uma oportunidade de intervir e produzir mudanças.

7. Avalie Sua Fraqueza Nesse Período E Dê Lugar À Humildade. Quando discernimo a fraqueza dos outros, é tempo apropriado para abordarmos as nossas fraquezas. Acredite que Deus semeará graça sobre você quando você semear graça sobre outros.

Suspeitas sem fundamento abrem a porta para

espíritos de mentira. Rejeite a tentação de aumentar a ofensa ou o temor oculto. "Aquele que julga estar firme, cuide-se para que não caia!", (1 Co 10:12).

8. Fique Na Dependência de Deus. "Não sobreveio a vocês tentação que não fosse comum aos homens. E Deus é fiel; ele não permitirá que vocês sejam tentados além do que podem suportar. Mas, quando forem tentados, ele mesmo lhes providenciará un escape, para que o possam suportar", (1 Co 10:13).

▶ "Nós, que somos fortes, devemos suportar as fraquezas dos fracos, e não agradar a nós mesmos", (Rm 15:1).

▶ "Quem é você para julgar o servo alheio? É para o seu Senhor que ele está em pé ou cai. E ficará em pé, pois o Senhor é capaz de o sustentar", (Rm 14:4).

▶ "Irmãos, se alguém for supreendido em algum pecado, vocês, que são espirituais, deverão restaurá-lo com mansidão. Cuide-se, porém, cada um para que também não seja tentado. Levem os fardos pesados uns dos outros e, assim, cumpram a lei de Cristo", (Gl 6:1-2).

O reconhecimento da fraqueza dominante naqueles que você ama reduzirá as expectativas e permitirá uma amizade leal e duradoura.

☙ Lucas 23:42 ❧

"Então ele disse: 'Jesus, lembra-te de mim quando entrares no teu Reinoc'".

17

Reconhecimento da Grandeza Quando Você Está Diante Dela

Normalmente A Grandeza Está Camuflada.

Poucos reconheceram Jesus enrolados em panos dentro de uma manjedoura. Poucos o reconheceram no Templo como Filho de Deus.

Dois ladrões morreram próximos a Jesus na crucificação. Um deles *não* reconheceu quem ele era e o amaldiçoou. O outro o *reconheceu*...e pediu para que Jesus se lembrasse dele (ver Lc 23:42).

Há alguns anos, um homem que eu respeitava e admirava muito me contou seu segredo: "Mike, nunca permita que a grandeza entre em sua presença e fique sem ser reconhecida". Então, comecei a observá-lo. Se um atleta famoso estava almoçando em um restaurante, meu amigo lhe escrevia um bilhete de gratidão ou até pagava a conta dele. Hoje, meu amigo é visto em revistas junto aos nomes de maior influência. Reis, presidentes de nações e grandes líderes do nosso mundo estão com ele regularmente.

Ele cultivava o hábito de reconhecer a grandeza sempre que a via.

As Escrituras estão cheias de exemplos de grandeza.

Alguns tinham grande *fé*.

Alguns tinham grande *paciência*.
Alguns tinham grandes *talentos*.
Agluns tinham grande *influência*.
Alguns tinham grande *sabedoria*.
Jônatas reconheceu a grandeza em Davi. Alguns filhos enxergam a grandeza negligenciada pelos pais. Saul nunca a viu em Davi.

O servo de Abraão discerniu a grandeza de Rebeca. Ele havia pedido ao Senhor que lhe revelasse a companheira de Isaque. "Concede que a jovem a qual eu disser: 'Por favor, incline o seu cântaro e dê-me de beber', e ela me responder: 'Bebe. Também darei água aos teus camelos', seja essa a que escolheste para teu servo Isaque", (Gn 24:14).

Rute discerniu a grandeza de Noemi. Isso a colocou em contato com Boaz, o ricaço de Belém.

Abigail reconheceu a grandeza de Davi. Ele poupou a vida de Nabal por causa disso. Abigail, mais tarde, tornou-se esposa de Davi.

6 Coisas Que Deve Lembrar Sobre Grandeza

1. Grandeza Não É A Falta de Fraqueza. Todos têm fraquezas. Jó disse: "Não são só os mais velhos, os sábios, não são só os de idade que entendem o que é certo", (Jó 32:9).

2. Todos Falham, Mas Os Grandes Conseguem Se Levantar. Quando você pensar na grandeza, não pense em alguém que não se frustra, não se assusta, não se abate ou que seja perfeito. Todos possuem cicatrizes, visíveis ou invisíveis. Generais com cicatrizes inspiram as tropas.

3. Os Pais, Às Vezes, Enxergam A Grandeza Ignorada Pelos Filhos. Davi reconheceu a fidelidade inesquencível de Jônatas.

4. Aquilo Que Você Respeita Virá Até Você. O que você não respeita se distanciará de você, seja um milagre, seja um cachorro, seja uma pessoa!

5. Grandeza É Quando Alguém Se Distancia da Tentação do Prazer Para Proteger Sua Integridade. José nunca buscou retaliação contra a esposa de Potifar. Do outro lado da porta do sofrimento está a promoção.

6. Grandeza É Quando Alguém, Com Disposição, Enfrenta Um Inimigo Com O Qual Ninguém Mais Deseja Lutar. Davi é um exemplo. Enquanto o rei Saul e os irmãos de Davi estavam assustados, Davi enfrentou Golias.

O reconhecimento da grandeza é garantido quando você está diante dela.

Gênesis 37:9

"Tive outro sonho, e desta vez o sol, a lua e onze estrelas se curvavam diante de mim".

~ 18 ~

Reconhecimento do Sonho Excepcional Que Lhe Dá Energia

Deus Se Comunica Por Meio de Imagens.

Ele se comunicou com Abraão por meio de uma imagem. "Juro por mim mesmo [...] que por ter feito o que fez, não me negando seu filho, o seu único filho, esteja certo de que o abençoarei e farei seus descendentes tão numerosos como as estrelas do céu e como a areia das praias do mar. Sua descendência conquistará as cidades dos que lhe forem inimigos", (Gn 22:16-17).

Ele se comunicou com José por meio da imagem de um sonho. "Tive outro sonho, e desta vez o sol, a lua e onze estrelas se curvavam diante de mim", (Gn 37:9).

Em um determinado tempo, Deus irá colocar dentro de você uma imagem invisível do futuro. Esse "sonho excepcional" será algo que você pode *fazer,* algo que você pode se *tornar* ou algo que você pode *ter.* Deus usa esse "sonho excepcional" para lhe dar um objetivo, progresso e entusiasmo.

Satanás desenvolverá uma estratégia para *embaçar* essa imagem e paralisar esse sonho excepcional.

Você deve reconhecer o sonho que vem de Deus para mexer com sua esperança, inspirar uma direção e fazer de você uma bênção para os outros.

24 Fatos Poderosos Sobre O Sonho Excepcional Que Há Dentro de Você

1. Você Deve Visualizar Continuamente Esse Sonho Excepcional Em Seu Coração E Em Sua Mente. "Escreva claramente a visão em tábuas, para que se leia facilmente", (Hc 2:2).

2. O Sonho Excepcional Exigirá Paciência Excepcional. "Pois a visão aguarda um tempo designado; ela fala do fim, e não falhará", (Hc 2:3).

3. Deus Está Comprometido Dom O Sonho Excepcional Que Ele Lhe Deu, Quer Você Já O Tenha Aceitado Ou Não. Pedro cometeu vários erros. Mas Jesus disse: "Eu orei por você, para que a sua fé não desfaleça. E quando você se converter, fortaleça os seus irmãos", (Lc 22:32).

4. O Sonho Excepcional Sempre É Gerado A Partir de Uma Dor Excepcional. Os que se levantam da pobreza desenvolvem paixão pela prosperidade. Os que passaram por doença no infância se tornam obcecados em ajudar os outros a obter saúde.

5. O Sonho Excepcional Exigirá Fé Excepcional. Leia as biografias de homens e mulheres notáveis. Os que alcançaram realizações excepcionais nutriram a semente da fé até que ela se tornasse uma força dentro deles.

6. O Sonho Excepcional Deve Nascer Dentro de Você, Não Ser Emprestado de Outros. Os outros têm opiniões, mas você tem direção. Você sozinho receberá a confirmação de Deus para a realização do sonho que ele gerou. José não tinha mais ninguém para confiar, mas acreditava em seu sonho.

7. O Sonho Excepcional Exige Objetivo Excepcional. A única razão que explica a falha humana é a falta de objetivo. Você somente será bem-sucedido com algo que o consuma por dentro. Quando Deus lhe dá um sonho excepcional, ele exige tudo de você: seu tempo, seu amor, sua energia.

8. O Sonho Excepcional Exige Paixão Excepcional. A paixão é energia, entusiasmo e força. A paixão indica o caminho que o Espírito Santo tem escolhido para sua vida. Mas também é possível ter paixão por algo que não seja santo. Contudo, é importante que você reconheça que toda realização excepcional exigirá paixão excepcional por Deus.

9. O Sonho Excepcional Exige Favor Excepcional Para Com Os Outros. José recebeu o favor de Potifar e do faraó. Ester recebeu favor do rei. Rute recebeu favor de Boaz. Quando a mão de Deus está sobre você, o favor surgirá. Semeie, espere, proteja e respeite.

10. O Sonho Excepcional Exige Preparação Excepcional. Jesus se preparou trinta anos para três anos e meio de ministério. Alguns chamam isso curto período de sofrimento para um longo período de conquistas. Algumas vocações exigem muitos anos de estudo em universidades.

11. O Sonho Excepcional Qualifica Aqueles Que Merecem Ter Acesso A Você. Muitos desejam alcançar você, mas é importante que você *qualifique* aqueles que merecem esse acesso. Jesus nunca foi para casa com fariseus, mas jantou com Zaqueu, o cobrador de impostos.

12. O Sonho Excepcional Gera Hábitos Excepcionais. Quando uma moça rica concentrou suas forças no desenvolvimento da maior companhia para mulheres de todos os tempos, ela começou a fazer anotacões sobre seus planos todas as manhãs. Selecionou seis coisas por ordem de prioridade. Sua fortuna ultrapassou os 300 milhões de dólares. Seu sonho passa a contorlar seus hábitos. Quando "viu a si mesmo" como um campeão dos pesos pesados, Muhammad Ali começou a se levantar todas as manhãs para correr. Os campeões estão dispostos a fazer *diariamente* o que homens normais farão apenas *ocasionalmente.*

13. O Sonho Excepcional Cria Adversários Excepcionais. Neemias viu a oposição surgir repentinamente quando Deus gerou dentro dele o desejo de reconstruir os muros de Jerusalém. Seja o que for que você decida fazer, encontrará oposição, que o assustará. E ela pode vir de sua família!

14. O Sonho Excepcional Determina O Que Você Faz Primeiro A Cada Manhã. Sua obsessão controlará seu tempo.

15. O Sonho Excepcional É Normalmente O Oposto Às Circunstâncias Atuasi. José foi odiado e desprezado por seus irmãos. Eles o venderam como escravo por 12,80 dólares. Mas o sonho excepcional no coração de José era que seus irmãos se submetessem a ele. Era o oposto de sua situação naquele momento. Abraão e Sara eram muito velhos para ter filhos. Mas o sonho excepcional de Deus era Isaque, o começo de milhões de Israelitas. Era o oposto da situação do casal.

16. O Sonho Excepcional Exige Milagres de

Deus. Deus nunca gerará um sonho dentro de você que seja alcançável sem ele. Ele lhe dá o sonho para mantê-lo em contato com ele e para perpetuar os planos e desejos dele. Isso fará com que esse sonho se concretize.

17. O Sonho Excepcional Sempre Exigirá A Ajuda de Outros. Faça uma lista de doze pessoas indispensáveis à concretização de seu sonho. Deus usou doze tribos para desenvolver o sonho dele. Jesus usou doze discípulos. Até nova Jerusalém possui doze portões. Defina suas expectativas a partir dessas doze pessoas. Planeje uma recompensa para a participação delas.

Dexter Yeager é um dos homens mais incomuns que já conheci. Em seu livro *Don't Let Anybody Steal Your Dream [Não deixe ninguém roubar seu sonho]*, ele escreve: "A pessoa bem-sucedida se associa com aqueles que sustentam seu sonho". Acredite, você deve ficar ao lado de pessoas que acreditam em seu sonho.

18. O Sonho Excepcional Pode Exigir Negociações Excepcionais Com Outras Pessoas. Sam Walton fez isso. Quando ele quis criar a loja número um da América, procurou os fornecedores e negociou preços mais baixos.

19. O Sonho Excepcional Exige Um Plano Excepcional. Uma ordem não é um plano. Uma ordem pode levar um momento. O plano pode envolver uma vida. Em um momento, Deus deu a Noé todas as instruções para a construção da arca, mas as instruções eram específicas e exigiam cuidado e exatidão.

20. Quando Você Anuncia Seu Sonho

Excepcional, Aqueles Que Acreditam Em Você Serão Encorajados E Motivados A Ajudá-Lo. Você está dando a eles uma razão para participarem de seu mundo. Defina a posição deles e deixe-os trabalhar!

21. Quando Você Anunciar Um Sonho Excepcional, Aqueles Que Estão Tentados A Se Opor A Você Podem Decidir Se Juntar A Você Por Causa de Sua Determinação. A coragem é magnética. Ela transforma barreiras em pontes. Os fracos se tornam fortes na presença dos corajosos.

22. Quando Você Anuncia Um Sonho Excepcional, Está Dificultando O Fracasso Dele. Sua declaração remove a opção de olhar para trás e desistir.

23. Quando Anuncia Seu Sonho Excepcional, Você Desperta A Coragem Daqueles Que Têm Desejo E Objetivo Semelhantes. Outras pessoas desejam ajudá-lo, porque acreditam no mesmo sonho.

24. O Sonho Excepcional Exige Cuidado E Sabedoraia No Uso do Tempo. Grandes sonhos exigem muito tempo. Você precisa ter consciência do tempo. Cuide que cada hora seja produtiva.

O reconhecimento de um sonho excepcional gerado por Deus liberará suas melhores idéias, sua criatividade e sua energia, resultando em uma vida verdadeiramente excepcional.

❧ **19** ❧

Reconhecimento do Inimigo Que Deus Usará Para Incitar Você

Jesus Sempre Teve Inimigos.

As Escrituras revelam isso nas próprias palavras dele.

Jesus reconheceu seus inimigos: "Por que vocês procuram matar-me?", (Jo 7:19). Qualquer empreendedor excepcional deve reconhecer um adversário.

O comum se ressente com *o incomum.*

O impuro menospreza *o puro.*

O ímpio odeia *o santo.*

O preguiçoso despreza *o esforçado.*

3 Fatos Que Jesus Revelou Sobre Os Inimigos

1. **Jesus Esperava Que Seus Discípulos Deixassem Os Inimigos Incomodados.** "Todos odiarão vocês por minha causa", (Mt 10:22); "O discípulo não está acima do seu mestre, nem o servo acima do seu senhor. Basta oa discípulo ser como o seu mestre, e ao servo, como seu senhor. Se o dono da casa foi chamado Belzebu, quanto mais os membros da sua família!", (Mt 10:24-25).

2. Jesus Instruiu Seus Discípulos A Anteciparem Seus Inimigos. "Eu os estou enviando como ovelhas entre lobos. Portanto, sejam astutos como as serpentes e sem malícia como as pombas", (Mt 10:16).

3. Jesus Avisou Com Antecedência Que Os Homens Se Tornariam Inimigos Deles. "Tenham cuidado, pois os homens os entregarão aos tribunais e os açoitarão nas sinagogas deles. Por minha causa vocês serão levados à presença de governadores e reis como testemunhas a eles e aos gentios", (Mt 10:17-18).

92 Fatos Que Você Deve Saber Sobre Os Inimigos

1. Você Sempre Terá Um Inimigo. "Todos odiarão vocês por minha causa, mas aquele que perseverar até o fim será salvo", (Mt 10:22).

2. Seu Inimigo É Qaulquer Pessoa Que Tente Sabotar A Missão Que Deus Tem Para Sua Vida. "Vocês corriam bem. Quem os impediu de continuar obedecendo à verdade? Tal persuasão não provém daquele que os chama. Um pouco de fermento leveda toda a massa", (Gl 5:7-9); "Se o meu próprio irmão ou filho ou filha, ou a mulher que você ama ou o seu amigo mais chegado secretamente instigá-lo, dizendo: 'Vamos adorar outros deuses!'—deuses que nem você nem os seus antepassados conheceram [...] não se deixe convencer nem ouça o que ele diz. Não tenha piedade nem compaixão dele e não o proteja. Você terá que matá-lo. Seja a sua mão a primeira a levantar-se para matá-lo, e depois as mãos de todo o povo", (Dt 13:6, 8-9).

3. Seu Inimigo É Qualquer Pessoa Que Se Ressinta de Seu Desejo de Crescer E Das Recompensas Que Isso Traz. Davi teve essa experiência com seu irmão mais velho. "Quando Eliabe, o irmão mais velho, ouviu Davi falando com os soldados, ficou muito irritado com ele e perguntou: 'Por que você veio até aqui? Com quem deixou aquelas poucas ovelhas no deserto? Sei que você é presunçoso e que os seu coração é mau; você só veio para ver a batalha'", (1 Sm 17:28).

4. Seu Inimigo É Qualquer Pessoa Infeliz Como Seu Progresso. Neemias enfrentou isso. Esdras também. Os inimigos "pagaram alguns funcionários para que se opusessem ao povo e frustrassem o seu plano", (Ed 4:5).

As acusações são lançadas e sempre acreditadas.

As letras são escritas e sempre acreditadas.

"Lida a cópia da carta do rei Artaxerxes para Reum, para o secretário Sinsai e para os seus companheiros, eles foram depressa a Jerusalém e forçaram os judeus a parar a obra. Assim a obra do templo de Deus em Jerusalém foi interrompida, e ficou parada até o segundo ano do reinado de Dario, rei da Pérsia", (Ed 4:23-24).

5. Seu Inimigo É Qualquer Pessoa Que Destaque Uma Fraqueza Que Deus Está Tentando Remover de Sua Vida. Dalila deu fôlego à fraqueza de Sansão. Ela era sua inimiga (ver Jz 16).

6. Seu Inimigo É Qualquer Pessoa Que Tente Destruir A Fé Que Deus Está Colocando Em Você. Deus pode estar dando forma do seu ministério. Sua visão pode estar explodindo. Seu inimigo fará de tudo para abortar a emergência desse sonho, desse chamado ou dessa missão.

7. Seu Inimigo É Qaulquer Pessoa Que Prefira Discutir Seu Passado Sem Se Importar Com O Seu Futuro. O dia de ontem já se foi. "Esqueça, o que se foi; não vivam no passado. Vejam, estou fazendo uma coisa nova! Ela já está surgindo! Vocês não a reconhecem?", (Is 43:18-19).

Na cena da mulher pega em adultério, os homens estavam obcecados com o erro dela e se preparavam para apedrejá-la. Mas Jesus olhou para o futuro dela. Com um simples gesto de misericórdia, removeu o passado da mulher: "Eu também não a condeno". Depois, o Grande Artista pintou o retrato do futuro dela: "Agora vá e abandone a sua vida de pecado", (Jo 8:11).

8. Seu Inimigo É Qaulquer Pessoa Que Enfraqueça Sua Paixão Pelo Seu Futuro E Pelos Seus Sonhos. Os dez espias foram usados pelo inimigo para enfraquecer a decisão de Moisés de entrar em Canaã. A multidão instruiu o homem cego a ficar quieto: "Muitos repreendiam para que ficasse quieto, mas ele gritava ainda mais: 'Filho de Davi, tem misericórdia de mim!'", (Mc 10:48).

9. Seu Inimigo É Qualquer Pessoa Que Ataque Um Companheiro Mais Fraco. Sempre existirá em sua vida alguém incapaz de discernir uma armadilha—por causa da personalidade, da aparência ou até mesmo da bênção financeira.

10. Seu Inimigo É, Às Vezes, Alguém de Dentro de Casa. "...os inimigos do homem serão os da sua própria família", (Mt 10:36).

11. Seu Inimigo Não Deve Ser Temido. "Não tenham medo dos que matam o coropo, mas não podem matar a alma. Antes, tenham medo daquele que pode destruir tanto a alma como o corpo no inferno", (Mt 10:28).

12. A Perfeita Vontade de Deus É Que Você Fique Livre de Seu Inimigo. "Orem também para que sejamos libertos dos homens perversos e maus, pois a fé não é de todos", (2 Ts 3:2).

13. O Espírito Santo Fornecerá Respostas Concernentes Ao Seu Inimigo. "Mas quando os prenderem, não se preocupem quanto ao que dier, ou como dizêlo. Naquela hora lhes será dado o que dizer, pois não serão vocês que estarão falando, mas o Espírito do Pai de vocês falará por intermédio de vocês", (Mt 10:19-20).

14. Seu Inimigo É Discernido Pelo Seu Orientador. Jesus deixou Pedro preparado: "Simão, Simão, Satanás pediu vocês para peneirá-los como trigo. Mas eu orei por você, para que a sua fé não desfaleça. E quando você se converter, fortaleça os seus irmãos", (Lc 22:31-32).

15. O Jejum Pode Mover A Mão de Deus Para A Destruição do Seu Inimigo. Os profetas do Antigo Testamento sabiam disso: "Toquem a trombeta em Sião, decretem jejum santo, convoquem uma assembléia sagrada [...] O Senhor respondeu ao seu povo: 'Estou lhes enviando trigo, vinho novo e azeite, o bastante para satisfazé-los plenamente; nunca mais farei de você objeto de zombaria para as nações. Levarei o invasor que vem do norte para longe de vocês, empurrando-o para uma terra seca e estéril, a vanguarda para o mar oriental e a retaguarda para o mar ocidental. E a sua podridão subirá; o seu mau cheiro se espalhará'", (Jl 2:15, 19-20).

16. Deus Lutará Por Você Contra Seu Inimigo. "O SENHOR, o seu Deus, os acompanhará e lutará por vocês contra os seus inimigos, para lhes dar a vitória", (Dt 20:4).

17. Seu Inimigo Não Terá Permissão de Deus Para Vencer. "O SENHOR está comigo, não temerei. O que me podem fazer os homens?", (Sl 118:6).

18. Seu Inimigo É Parte Natural E Necessária da Sua Vida. "Se vocês pertencessem ao mundo, ele os amaria como se fossem dele. Todavia, vocês não são do mundo, mas eu os escolhi, tirando-os do mundo; por isso o mundo os odeia. Lembrem-se das palavras que eu lhes disse: Nenhum escravo é maior do que o seu senhor. Se me perseguiram, também perseguirão vocês. Se obedeceram à minha palavra, também obedecerão à de vocês. Tratarão assim vocês por causa do meu nome, pois não conhecem aquele que me enviou", (Jo 15:19-21).

19. Satanás É Seu Inimigo Eterno. "A nossa luta não é contra seres humanos, mas contra os poderes e autoridades, contra dominadores deste mundo de trevas, contra as forças espirituais do mal nas regiões celestiais", (Ef 6:12).

20. Você Não Pode Derrotar Seu Inimigo Apenas Com A Força Que Você Tem. "Não que possamos reivindicar qualquer coisa com base em nossos próprios méritos, mas a nossa capacidade vem de Deus. Ele nos capacitou para sermos ministros de uma nova aliança, não da letra, mas do Espírito; pois a letra mata, mas o Espírito vivifica", (2 Co 3:5-6).

21. Deus Espera Que Você Prepare Sua Defesa Contra Seu Inimigo. "Fortaleçam-se no

Senhor e no seu forte poder. Vistam toda a armadura de Deus, para poderem ficar firmes contra as ciladas do Diabo", (Ef 6:10-11). **22. Vencer Seu Inimigo É A Chave Para A Recompensa.** "O vencedor será igualmente vestido de branco. Jamais apagarei o seu nome do livro da vida, mas o reconhecerei diante do meu Pai e dos seus anjos [...] Farei do vencedor uma coluna no santuário de meu Deus, e dali ele jamais sairá", (Ap 3:5, 12). **23. Os Despojos de Guerra, E Não Seu Inimigo, Devem Ser Objetivo.** "Ao vencedor darei o direito de sentar-se comigo em meu trono, assim como eu também venci e sentei-me com meu pai em seu trono", (Ap 3:21); "Alegrem-se à medida que participam dos sofrimentos de Cristo, para que também, quando a sua glória for revelada, vocês exultem com grande alegria. Se vocês são insultados por causa do nome de Cristo, felizes são vocês, pois o Espírito da glória, o Espírito de Deus, repousa sobre vocês", (1 Pe 4:13-14). **24. Você Sempre Poderá Contar Com Um Exército Nas Batalhas Contra Seu Inimigo.** "Não tema, pois eu o resgatei; eu o chamei pelo nome; você é meu. Quando você atravessar as águas, eu estarei com você; quando você atravessar os rios, eles não o encobrirão. Quando você andar através do fogo, não se queimará; as chamas não o deixarão em brasas", (Is 43:1-2). **25. Seu Inimigo Dá A Deus Opotunidade de Revelar O Compromisso Dele Com Você.** "Ele me disse: 'Minha graça é suficiente para você, pois o meu poder se aperfeiçoa na fraqueza'. Portanto, eu me gloriarei ainda mais alegremente em minhas fraquezas, para que o poder de Cristo repouse em mim. Por isso, por amor de Cristo, regozijo-me nas fraquezas, nos insultos, nas necessidades, nas perseguições, nas angústias. Pois, quando sou fraco é que sou forte", (2 Co 12:9-10).

26. A Sabedoria Para Vencer Seu Inimigo Será Concedida No Lugar Secreto de Oração. "No dia da adversidade ele me guardará protegido em sua habitação; no seu tabernãculo me esconderá e me porá em segurança sobre um rochedo. Então triunfarei sobre os inimigos que me cercam. Em seu tabernãculo oferecerei sacrifícios com aclamações; cantarei e louvarei ao SENHOR", (Sl 27:5-6).

27. Você Nunca Deve Revelar O Tamanho do Prejuízo Causado Pelo Seu Inimigo. "O tolo dá vazão à sua ira, mas o sábio domina-se", (Pv 29:11).

28. Um Inimigo Excepcional Exigirá Sabedoria Excepcional. "Se algum de vocês tem falta de sabedoria, peçaa a Deus, que a todos dá livremente, de boa vontade; e lhe será concedida", (Tg 1:5); "Os teus mandamentos me tornam mais sábio que os meus inimigos, porquanto estão sempre comigo", (Sl 119:98).

29. Você Nunca Deve Revelar Sua Estratégia Contra O Inimigo A Quem Não É Comprometido Com Você Nem Com Sua Causa. "O tolo dá vazão à sua ira, mas o sábio domina-se", (Pv 29:11).

30. Sua Guerra É Sempre Temporária. "Para tudo há uma ocasião certa' há um ptmepo certo para cada propósito debaixo do céu [...] tempo de matar e tempo de curar, tempo de derrubar e tempo de construir [...] tempo de amar e tempo de odiar, tempo de lutar e tempo de viver em paz", (Ec 3:1, 3, 8).

31. Sua Maior Arma Contra Seu Inimigo É A Palavra de Deus. "Usem o capacete da salvação e a espada do Espírito, que é a palavra de Deus", (Ef 6:17).

32. O Espírito Santo Lhe Ensinará Princípios de Guerra, Para Que Você Possa Combater Seu Inimigo. "Bendito seja o SENHOR, a minha Rocha, que treina as minhas mãos para a guerra e os meus dedos para a batalha", (Sl 144:1).

33. Você Deve Entrar Em Cada Batalha Com O Propósito de Glorificar A Deus. "Davi, porém, disse ao filisteu: 'Você vem contra mim com espada, com lança e com dardos, mas eu vou contra você em nome do SENHOR dos Exércitos, o Deus dos exércitos de Israel, aquem você desafiou. Hoje mesmo o SENHOR o entregará nas minhas mãos, eu o matarei e cortarei a sua cabeça. Hoje mesmo darei os cadáveres do exército filisteu às aves do céu e os animais selvagens, e toda a terra saberá que há Deus em Israel. Todos os que estão aqui saberão que não é por espada ou por lança que o SENHOR concede vitória; pois a batalha é do SENHOR, e ele me entregará todos vocês em nossas mãos'", (1 Sm 17:45-47).

34. Você Deve Esperar A Vitória Em Toda Batalha Contra Seu Inimigo. "Hoje mesmo darei os cadáveres do exército filisteu às aves do céu e aos animais selvagens, e toda a terra saberá que há Deus em Israel", (1 Sm 17:46).

35. Seu Inimigo Será Combatido Por Deus Mesmo Quando Você Se Sentir Incapaz de Se Defender. "Escutem, todos os que vivem em Judá e em Jerusalém e o rei Josafá! Assim lhes diz o SENHOR:

'Não tenham medo nem fiquem desanimados por causa desse exército enorme. Pois a batalha não é de vocês, mas de Deus [...] Vocês não precisarão lutar nessa batalha. Tomem suas posições, permaneçam firmes e vejam o livramento que o SENHOR lhes dará, ó Judá, ó Jerusalém. Não tenham medo nem desanimem. Saiam para enfrentá-los amanhã, e o SENHOR estará com vocês'", (2 Cr 20:15, 17); "O SENHOR é guerreiro, o seu nome é SENHOR", (Êx 15:3).

36. O Espírito Santo Desmoralizará E Enfraquecerá Seu Inimigo E O Fará Temer Você Antes Que A Batalha Comece. Ele fez isso, segundo Raabe: "Sei que o SENHOR lhes deu esta terra. Vocês nos causaram um medo terrível, e todos os haitantes desta terra estão apavorados por causa de vocês [...] Quando soubemos disso, o povo desanimou-se completamente, e por causa de vocês todos perderam a coragem, pois o SENHOR, o seu Deus, é Deus em cima nos céus e embaixo na terra", (Js 2:9, 11).

37. Seu Inimigo Desconhece Suas Vitórias Passadas, Fato Que O Torna Vulnerável A Você. Golias não sabia sobre a luta de Davi contra o leão e contra o urso. Os fariseus não sabiam nada sobre o poder de Jesus. Seu inimigo não está preparado para você. Anime-se com esse fato.

38. Seu Inimigo, Quando Ciente de Suas Vitórias Passadas, Torna-Se Ainda Mais Temeroso. O povo de Jericó estava ciente da seqüência de vitórias dos Israelitas, por isso Raabe disse: "Temos ouvido como o Senhor secou as águas do mar Vermelho perante vocês quando saíram do Egito, e o que vocês fizeram a leste do Jordão com Seom e

Ogue, os dois reis amorreus que vocês aniquilaram", (Js 2:10). **39. O Espírito Santo Revelará Qualquer Cilada Preparada Pelo Seu Inimigo.** "...a fim de que Satanás não tivesse vantagem sobre nós; pois não ignoramos as suas intenções", (2 Co 2:11). **40. O Espírito Santo Dentro de Você É Mais Poderoso Que Qualquer Inimigo Que Vier A Enfrentar.** "Aquele que está em vocês é maior do que aquele que está no mundo", (1 Jo 4:4). **41. Seu Inimigo Não É Capaz de Perceber O Muro Protetor de Anjos Que Cercam Você Durante A Batalaha.** "O anjo do SENHOR é sentinela ao redor daqueles que o temem, e os livra", (Sl 34:7). **42. Seu Inimigo Não Pode Resistir À Arma da Adoração.** "Bendirei o SENHOR o tempo todo! Os meus lábios sempre o louvarão", (Sl 34:1). **43. Seu Inimigo, Ao Atacar, Demonstra Estar Convencido de Que Você É Capaz de Alcançar Seus Objetivos.** Seu inimigo não perderia tempo, munição, dinheiro e esforços se seus sonhos fossem impossíveis. Paulo disse: "Tudo posso naquele que me fortalece", (Fp 4:13). Se seu inimigo acredita em seu futuro, por que você não acreditaria? **44. Seu Inimigo Atacará Em Um Momento Decisivo de Sua Vida.** Quando Jesus iniciou seu ministério, Satanás o atacou com suas tentações mais perigosas (ver Mt 4; Lc 4). A crise pode acontecer quando ocorrer o *nascimento de um campeão* em sua casa, como aconteceu com Moisés. Quando ele nasceu havia uma sentença de morte para todas as crianças hebréias do sexo masculino recém-nascidas no Egito. Pode ser que *um milagre* esteja prestes a acontecer em sua vida (ver Dn 9). O ataque é simplesmente a prova de que seu inimigo considera possível o êxito de sua missão.

45. Jesus Instruiu Seus Discípulos A Semear Sementes de Amor, de Oração E de Atos de Bondade Nos Inimigos. "Eu lhes digo: 'Amem os seus inimigos e orem por aqueles que os perseguem para que vocês venham a ser filhos de seu Pai que está nos céus. Porque ele faz raiar o seu sol sobre maus e bons e derrama chuva sobre justos e injustos'", (Mt 5:44-45).

46. Amar Os Inimigos Fará Que Você Acumule Grande Recompensa. "Se vocês amarem aqueles que os amam, que recompensa vocês receberão?", (Mt 5:46); "Amem, porém, os seus inimigos, façam-lhes o bem e emprestem a eles, sem esperar receber nada de volta. Então, a recompensa que terão será grande e vocês serão filhos do Altíssimo, por que ele é bondoso para com os ingratos e maus", (Lc 6:35).

47. Qualquer Embaraço Com Seu Inimigo Deve Ser Evitado Sempre Que Possível. "Entre em acordo depressa com seu adversário que pretende levá-lo ao tribunal. Faça isso enquanto ainda estiver com ele a caminho, pois, caso contrário, ele poderá entregá-lo ao jui, e o juiz ao guarda, e você poderá ser jogado na prisão. Eu lhe garanto que você não sairá de lá enquanto não pagar o último centavo", (Mt 5:25-26).

48. Seu Inimigo Obriga Você A Se Movimentar. Sem o faraó, os Israelitas teriam se adaptado ao Egito. A Terra Prometida teria se tornado mera fantasia, em vez de ser um fato.

49. Depois Que Deus Esgotar Todos Os

Seus Privilégios, Ele Designará Um Inimigo Como Rota de Escape. Lembre-se, o inimigo obriga você a movimentar-se. Deus move você para a próxima etapa...por meio de um adversário, como o faraó.

50. Seu Inimigo É Um Sinal Divino de Que A Presente Situação Está Chegando Ao Fim. Quando Golias entrou em cena, Davi mudou de pastorzinho para guerreiro. A vitória dele foi um recado de que o passado estava chegando a um final. O amanhã já estava nascendo.

51. Seu Inimigo Liberta Sua Imaginação. Quando o faraó aumentou o sofrimento e o fardo dos Israelitas, eles começaram a imaginar o *futuro*...onde *desejavam* estar. Canaá se tornou o objetivo deles. A Terra Prometida se tornou seu novo alvo. O sofrimento presente é necessário para dar início ao sonho que Deus está desenvolvendo.

52. Seu Inimigo Expõe Suas Faquezas. A consciência de sua fraqueza gera humildade. A humildade é o imã que atrai Deus e os anjos.

53. Seu Inimigo Revela Suas Limitações. Quando você reconhece suas limitações, começa a procurar solução nos que estão perto de você. Seja qual for sua deficiência, Deus já compensou isso em outra pessoa próxima a você. Quando seu inimigo chega, ele consome sua força, sua criatividade e suas idéias. Isso normalmente leva você a procurar o tesouro celestial que Deus tem reservado nas veias terrenas. Lembre-se: o amor é o mapa do tesouro!

54. Seu Inimigo Fortalee A Lealdade de Seus Amigos. Quando os jornais me atacam, ouço de aglns advogados e parceiros que não tenho muito com que me preoupar! Alguns me aconselham processá-los, oferecendo gratuitamente seus serviços!

55. O Espírito Santo Traz Convicção de Pecado A Seus Inimigos. "[Deus] deseja que todos os homens sejam salvos e cheguem ao conhecimento da verdade", (1 Tm 2:4). O carcereiro de Paulo experimentou isso: "O carcereiro pediu luz, entrou correndo e, trêmulo, prostrou-se diante de Paulo e Silas. Então levou-os para fora e perguntou: 'Senhores, que devo fazer para ser salvo?'", (At 16:29-30); "O Senhor não demora em cumprir a sua promessa, como julgam alguns. Ao contrário, ele é paciente com vocês, não querendo que ninguém pereça, mas que todos cheguem ao arrependimento", (2 Pe 3:9). Antes que ele se tornase o Apóstolo Paulo, Saulo era inimigo da igreja. Mas Deus transformou o coração dele e pode fazer o mesmo com seu inimigo.

56. Seu Inimigo de Hoje Pode Se Tornar Um de Seus Maiores Aliados Amanhá. Isso aconteceu quando o *perseguidor* da Igreja Primitiva (Saulo) se transformou no *orientador* da Igreja Primitiva. "Respondeu Ananias: 'Senhor, tenho ouvido muito coisa a respeito desse homem e de todo o mal que ele tem feito aos teus santos em Jerusalém'. Mas o Senhor disse a Ananias: 'Vá! Este homem é meu instrumento escolhido para levar o meu nome perante os gentios e seus reis, e perante o povo de Israel'", (At 9:13, 15).

57. Seu Inimigo Pode Repentinamente Ter Um Encontro Com O Espírito Santo. Ele fez isso com Saulo, antes de este se tornar Paulo. "Em sua viagem, quando se aproximava de Damasco, de repente brilhou ao seu redor uma luz vinda do céu.

Ele caiu por terra e ouviu uma vozz que lhe dizia: 'Saulo, Saulo, por que você me persegue?' Saulo perguntou: 'Quem és tu, Senhor?' Ele respondeu: 'Eu sou Jesus, a quem você persegue. Levante-se, entre na cidade; alguém lhe dirá o que você deve fazer'", (At 9:3-5).

58. Seu Inimigo Pode Experimentar Brusca Mudança No Coração. Saulo se tornou Paulo... rapidamente. "Levante-se, entre na cidade; alguém lhe dirá o que você deve fazer", (At 9:6).

59. Seu Inimigo Pode Ser Completamente Mudado Por Causa de Uma Tragédia Ou Uma Crise. "Saulo levantouse do chão e, abrindo os olhos, não conseguia ver nada. E os homens o levaram pela mão até Damasco. Por três dias ele esteve cego, não comeu nem bebeu", (At 9:8-9).

60. Seu Inimigo É Uma Porta, Não Uma Parede, Para A Próxima Etapa. Isso aconteceu com Ester e também com Daniel. Foi assim com Jó: "Depois que Jó orou por seus amigos, o SENHOR o tornou novamente próspero e lhe deu em dobro tudo o que tinha antes", (Jó 42:10).

61. A Única Verdadeira Diferença Entre O Medíocre E O Importante É O Inimigo Que Decidiram Vencer. Davi deixou dee ser um desconhecido para ser alguém...*por meio* de Golias. "Quando os soldados voltavam para casa, depois que Davi matou o filisteu, as mulheres saíram de todas as cidades de Israel ao encontro do rei Saul com cânticos e danças, com tamborins, com músicas alegres e instrumentos de três cordas. As mulheres dançavam e cantavam: 'Saul matou milhares, e Davi, dezenas de milhares'", (1 Sm 18:6-7).

62. Seu Inimigo É A Diferença Entre A Obscuridade E A Importância. Campeões da categoria peso-pesado deixaram de ser desconhecidos e se tornaram campeões mundiais...em uma única luta. Quando Evander Holyfield vê Mike Tyson entrar pela porta, ele não arranca a orelha do adversário! Ele arranca talão de cheques! Nenhum amigo de Evander Holyfield lhe deu 22 milhões de dólares. *Foi um inimigo que lhe deu!* Isso aconteceu com Davi (ver 1 Sm 18:6-7). Os domadores de cavalos desejam um touro bravo para que os juízes possam avaliar com precisão suas habilidades!

63. O Tamanho de Seu Inimigo Determinará O Tamanho de Sua Recompensa. "Um guerreiro chamado Golias, que era de Gate, veio do acampamento filisteu. Tinha dois metros e noventa centímetros de altura. Ele usava um capacete de bronze e vestia uma couraça de escamas de bronze que pesava sessenta quilos; nas pernas usava caneleiras de bronze e tinha um dardo de bronze pendurado nas costas. A haste de sua lança era parecida com uma lançadeira de tecelão, e sua ponta de ferro pesava sete quilos e duzentos gramas. Seu escudeiro ia à frente dele [...] Os Israelitas diziam entre si: 'Você viram aquele homem? Ele veio desafiar Israel. O rei dará grandes riquezas a quem o vencer. Também lhe dará sua filha em casamento e isentará de impostos em Israel a família de seu pai'", (1 Sm 17:4-7, 25).

64. Seu Inimigo Força Qualquer Judas Em Sua Vida A Se Revelar. Judas não é seu inimigo. Todo mundo tem um judas. Até mesmo os judas! Os judas são *intimidados* por você. Eles trabalham em oculto. Eles apunhalam você pelas costas. Todo judas é fraco, sem moral e se intimida muito facilmente. É possível viver ao lado de um judas muitos anos e nunca o perceber. Eles não o confrontarão, mas tentarão enfraquecer sua influência perante os outros com palavras e ações.

Um judas se ressente do amor e da fidelidade expressos pelos outros com relação a você.

Um judas é alguém que acredita que seu inimigo tem direito de ser ouvido. Um judas representa dois papéis: na sua presença, é amigo. Na presença de seu inimigo, é amigo dele.

Seu inimigo entrará em contato com o judas de seu círculo de confiança. Seu judas será rapidamente desmascarado depois que entra em contato com o inimigo.

Não tema: quando o judas for revelado, você estará apenas a três dias da "ressurreição"—de seu futuro.

65. Tudo Que É Bom Tem Um Inimigo.
O mal despreza a retidão.
O medo despreza a fé.
A fraqueza despreza a força.
Jesus era o Filho de Deus, mas os religiosos o desprezavam.

66. Você Bó Será Lembrado Pelo Inimigo Que Você Destruiu Ou Pelo Inimigo Que Destruiu Você. Sansão é lembrado porque Dalila o derrotou. Davi é lembrado porque matou Golias.

67. Seu Inimigo Não Pode Abortar Seu Futuro—Ele É Meramente O Anúncio de Que Seu Futuro Está Nascendo. Quando Golias esbravejou, Davi estava ouvindo o anúncio de que seus dias de pastor estavam terminando. O reinado estava para nascer.

68. Seu Inimigo É Tão Necessário Quanto Seu Amigo. Seu amigo lhe dá conforto, mas seu inimigo lhe dá um futuro.

69. Seu Inimigo É A Oportunidade Que Você Tem de Revelar Sua Qualidade Única. Os irmãos de Davi estavam famintos, temerosos e intimidados. *Ninguém* teria percebido Davi...se não fosse por Golias. Seu inimigo é a oportunidade que você tem para revelar aquilo em que você realmente acredita.

70. Quando Você Descobrir Sua Missão, Descobrirá Seu Inimigo. A guerra demoníaca é indício de que satanás descobriu as intenções de Deus em relação a você. Os demônios não são onipresentes. Eles não podem estar em todos os lugares ao mesmo tempo. Eles recebem missões geográficas. Isso se torna aparente quando um anjo, ao responder as orações de Daniel, menciona uma batalha e a tentativa de interceptação da mensagem. Ele afirmou que Deus havia escutado quando Daniel orou e que ele fora enviado dos céus. Mas levou 21 dias para chegar: "Não tenha medo, Daniel. Desde o primeiro dia em que você decidiu buscar entendimento e humilharse diante do seu Deus, suas palavras foram ouvidas, e eu vim em resposta a elas. Mas o príncipe do reino da Pérsia me resistiu durante vinte e um dias. Então Miguel, um dos príncipes supremos, veio em minha ajuda, pois eu fui impedido de continuar ali com os reis da Pérsia", (Dn 10:12-13).

Onde encontramos um guarda? A cem quilômetros da caixa-forte? É claro que não. Ele está exatamente onde o tesouro está. Então, quando você sentir uma atividade demoníaca ao seu redor, fique feliz. É o prenúncio de que um pacote de milagres está chegando à sua casa. A batalha, significa que satanás está tentando frustrar seu objetivo e abortar seu interesse no milagre.

71. O Ponto de Entrada Favorito de Seu Inimigo Normalmente É Alguém de Sua Confiança. Seu futuro depende da fraqueza ou da força da pessoa na qual você confia. Todo muno confia em todo mundo. Mas a pessoa em quem você confia em geral confia em alguém em quem você nem sonharia confiar! Adão confiou em Eva que abriu as portas para a serpente. Sansão confiou em Dalila. Seu inimigo sempre usará alguém em quem você resolveu confiar.

72. O Inimigo Que Você Não Conseguir Destruir No Final Destruirá Você. O profeta Samuel instruiu Saul a matar todos os amalequitas. Ele se recusou a fazer isso. Deixou que o rei Agague vivesse com o melhor do rebanho. Depois, na morte de Saul, o homem que aceitou o crédito de concluir a tentativa suicida de Saul revelou: "Sou amalequita", (2 Sm 1:8-10). O que você se recusa a conquistar conquistará você.

73. Você Nunca Se Tornará Muito Maior Que Seu Inimigo. *Você deve simplesmente aprender a lutar.* Muitos jovens pensam que algum dia eles se tornarão mais fortes que seu desejo de pecar. Mas o desejo de pecar está sempre à porta. Você deve aprender a lutar e resistir.

74. A Luta É A Prova de Que Você Ainda Não Foi Derrotado Pelo Seu Inimigo. Você pode estar cansado de lutar. A batalha pode deixá-lo exausto, mas lutar ainda é a prova de que seu inimigo ainda não o venceu.

75. Seu Inimigo Deve Ser Destruído, Não Compreendido. A conversa é sempre a porta para a aniquilação. Isso aconteceu no jardim do Éden. Satanás levou Eva para a mesa de negociações a fim de prepará-la para a alienação. Negocie com *amigos,* mas *destrua* seu inimigo.

76. Seu Inimigo Não Tentará Compreender Você, E Sim Desacreditá-Lo. Quando recebi críticas ruins, pediramme que respondesse a algumas perguntas. Não me senti nem um pouco feliz de fazer aquilo, mas pedi a entrevista por escrito e exigi que todas as minhas respostas fossem impressas...abaixo da pergunta.

Eles se recusaram.

77. Quando Deus Encerra Uma Etapa de Sua Vida, Ele Endurece O Coração de Um Inimigo Seu. O coração do faraó foi endurecido com relação aos Israelitas. Por quê? Porque isso amolecia o coração deles quanto ao que Deus desejava fazer. Em minha pequena cidade, no Texas, enfrentei uma das oposições mais incríveis contra meu ministério. Durante a primeira reunião com meus colegas, a polícia começou a rebocar os carros na rua durante o culto...apesar de aquele pequeno prédio que havíamos comprado ter sido uma igreja batista por mais de trinta anos. Aquelas vagas de estacionamento foram usadas durante décadas. Mas Deus endureceu o coração deles...para forçar nosso ministério a mudar de local.

A consciência de que há um inimigo tentando sabotá-lo é a maneira de Deus de lhe dar um "empurrão" para a próxima etapa de sua vida.

78. Seu Inimigo Faz Que Pessoas Boas Descubram Você. Muitas vezes, ministérios passam despercebidos e nunca são reconhecidos. Mas, durante um momento de ataque, pessoas que discernem a verdade tomam conhecimento de sua existência e se unem a eles.

Os maus momentos unem pessoas boas.

79. Seu Inimigo Faz Que Dons Inutilizados E Dormentes Sejam Despertados. A adversidade irá expor a grandeza oculta existente em você. Os irmãos de Davi estavam totalmente cegos para a *diferença* que havia neles.

80. O Inimigo Não Combatido Irá Florescer. Ignorar o inimigo não o remove de sua vida. Esperar que seu inimigo parta não o remove de sua vida. Você deve combater seu inimigo. "Resistam ao Diabo, e ele fugirá de vocês", (Tg 4:7).

81. Seu Inimigo Irá Sempre Alternar Armas E Estratégias Contra Você. Recursos que ele usou quando você era adolescente podem ser completamente diferentes agora que você virou adulto.

82. A Reação de Seu Inimigo É A Prova de Seu Progresso. Quando seu inimigo fica ansioso, ele sabe que o tempo dele está contado.

83. Qualquer Movimento Que Você Faça Na Direção Certa Terá Oposição Imediata de Seu Inimigo.

84. Seu Inimigo, No Final, Revelará O Interesse Que Deus Tem Por Você. Seu coração pode duvidar. Sua mente pode ficar confusa. Mas, na crise, Deus irá revelar o poder e o amor dele em sua vida. Seu inimigo é quem dá a ele oportunidade de agir assim.

85. Seu Inimigo Pode Entrar Em Sua Vida Sob O Disfarce da Amizade. O inimigo pode entrar silenciosamente e começar a enfraquecer sua vida como cupins dentro de uma casa. Certa noite, há alguns anos, meu gerente me informou que um jovem estava sentado havia horas no santuário. Ele insistia em ser atendido. Expliquei-lhe que deveria marcar um horário com minha secretária. Ele respondeu que havia dirigido muitos quilômetros e o que mais desejava no mundo era "apenas ser um discípulo do Dr. Murdock...custe o que custar". Ele chegou chorando e implorando a oportunidade de ser um "escudeiro". Semanas depois, ele iniciou uma campanha de difamação contra mim entre meu pessoal. Foi revoltante. Mas foi de forma suave e mansa que entrou, como amigo.

86. O Inimigo Sempre Ignora O Protocolo E A Cadeia de Autoridade. A rebelião está no coração do inimigo. Ele despreza a ordem de Deus. O jovem que mencionei anteriormente queria uma entrevista comigo. Ele se recusou a aceitar a orientação de meu gerente para marcar uma hora comigo no dia seguinte. Interpretei mal a determinação dele.

A determinação nem sempre é prova de desejo sincero.

Em geral, implica desrespeito ao protocolo.

Meu gerente o informou de que eu não poderia vê-lo naquele dia, e ele respondeu: "Estou determinado a vê-lo".

Depois ele me disse: "Você é o que eu sempre quis ser em toda a minha vida. Quero que você se torne meu orientador. Farei qualquer coisa para me tornar seu discípulo. Nunca ninguém me deu uma oportunidade. Por favor, me dê uma oportunidade! Eu acredito em você". Depois de algumas semanas, ele semeou mais discórdia entre meus funcionários que qualquer outra pessoa em toda a história do meu ministério.

Ele ignorou o *protocolo*.

Eu ignorei o *sinal*.

87. Seu Inimigo Deve Ser Desmascarado. Quando há um mentiroso em seu círculo, trate de desmascará-lo. Você deve isso para aqueles que estão sob sua proteção. Por isso Pedro desmascarou Ananias e Safira (ver At 5:1-11).

Você é responsável por qualquer pessoa que destruir.

Mas também é responsável por qualquer pessoa que você permitir ser destruída.

Uma jovem de minha equipe, influenciada por um membro descontente, ficou completamente abalada na área emocional. Por fim, abandonou nosso ministério. Antes, ela era muito fiel, doce e amável com as coisas de Deus. Mas em poucos dias alguém a confundiu e a deixou perturbada.

88. Seu Inimigo Tentará Envolvê-Lo Em Batalhas Desnecessárias Que Prometem Pouca Ou Nenhuma Recompensa. As batalhas drenam sua energia. Elas frustram seu propósito e esvaziam seus recursos.

89. Seu Inimigo Deve Ser Enfrentado No Tempo do Espírito E Com As Armas Espirituais Corretas. Isso lhe permite prever a estratégia e o comportamento dele. A motivação de Pedro para proteger a Jesus, cortando a orelha do soldado, é admirável, mas não foi direcionada pelo Espírito.

90. O Inimigo Excepcional Pode Ser Derrotado Pela Persistência Excepcional. Deus exige persistência. "Todos odiarão vocês por minha causa, mas aquele que perseverar até o fim será salvo", (Mt 10:22).

91. É Sábio Evitar O Confronto Com O Inimigo Sempre Que Possível. Jesus fez isso: "Quando forem perseguidos num lugar, fujam para outro", (Mt 10:23). Fugir não é sinal de medo, mas de sabedoria, que sustém sua vida, seu ministério e seu propósito.

92. É Sábio Establecer Paz Com Seu Inimigo Sempre Que Possível. "Eu lhes digo: Não resistam ao perverso. Se alguém o ferir na face direita, ofereça-lhe também a outra. E se algueem quiser processá-lo e tirar-lhe a túnica, deixe que leve também a capa. Se alguém o forçar a caminhar com ele uma milha, vá com ele duas. Dê a quem lhe pede, e não volte as costas àquele que deseja pedir-lhe algo emprestado", (Mt 5:39-42).

Nunca use um canhão para matar um mosquito.

Os inimigos são pontes, não baricadas.

O reconhecimento do inimigo que Deus usará para incitar você pode evitar destruição, bem como proteger sua vida e a daqueles a quem você ama.

⇜ 20 ⇝

RECONHECIMENTO DE UM TOLO

Os Sabios Reconhecem Os Tolos. Os tolos estão em todos os lugares. Existem tolos nas instituições educacionais, no contexto da religião, na política e até mesmo entre seus parentes. Os tolos atrapalham nosso propósito. Os tolos desperdiçam tempo e energia valiosos. Os tolos atrasam nossa vida. Os tolos nos roubam momentos preciosos. Menciono uma declaração do ex-presidente Richard Nixon em um dos meus livros, *Segredos do Homem Mais Rico que já Existiu.* Ele comentou que Lee Iacocca, legendário executivo da Chrysler, tinha um grande problema: não tolerava os tolos. Nixon comenta que a atitude desse homem criou dois outros problemas! Primeiro, existem muito mais tolos hoje. Segundo, algumas pessoas que você acha que são tolas não o são.

43 Fatos Que Você Deve Saber Sobre Os Tolos

1. **O Tolo É Qualquer Um Que Despreze A Sabedoria, A Instrução E A Correção de Um Orientador Experiente.** "O temor do SENHOR é o princípio do conhecimento, mas os insensatos desprezam a sabedoria e a disciplina", (Pv 1:7).

2. O Tolo É Qualquer Um Que Tente Destruir A Reputação de Um Vencedor Por Meio da Mentira E da Informação Distorcida. "Quem espalha calúnia é tolo", (Pv 10:18).

3. O Tolo É Qualquer Um Que Se Recuse A Se Afastar do Mal, Mesmo Depois de Advertido. "O tolo detesta afastar-se do mal", (Pv 13:19).

4. O Tolo É Qualquer Um Que Não Leve O Perigo do Pecado A Sério. "Os insensatos zombam da idéia de reparar o pecado cometido", (Pv 14:9).

5. O Tolo É Qualquer Um Que Revele Confidências Que Deveriam Ser Mantidas Em Sigilo. "A sabedoria repousa no coração dos que têm discernimento, e mesmo entre os tolos ela se deixa conhecer", (Pv 14:33).

6. O Tolo É Qualquer Filho Que Despreze A Sabedoria do Pai. "O insensato faz pouco caso da disciplina de seu pai, mas quem acolhe a repreensão revela prudência", (Pv 15:5).

7. O Tolo É Qualquer Filho Que Não Respeite Sua Mãe, Que Lhe Trouxe Ao Mundo. "O filho sábio dá alegria a seu pai, mas o tolo despreza a sua mãe", (Pv 15:20).

8. O Tolo É Qualquer Um Cuja Conduta Não Mude Mesmo Depois de Experimentar Conseqüências Dolorosas. "A repreensão faz marca mais profunda no homem de entendimento do que cem açoites no tolo", (Pv 17:10).

9. O Tolo É Qualquer Um Que Considere A Busca da Sabedoria Um Esforço Vão. "de que serve o dinheiro na mão do tolo, já que ele não quer obter sabedoria?", (Pv 17:16).

10. O Tolo É Qualquer Um Que Expresse

Continuamente Seu Descontentamento Com Deus. "É a insensatez do homem que arruína a sua vida, mas o seu coração se ira contra o Senhor", (Pv 19:3).

11. O Tolo É Qualquer Um Que Se Recuse A Abraçar A Paz. "É uma honra dar fim a contendas, mas todos os insensatos envolvem-se nelas", (Pv 20:3).

12. O Tolo É Qualquer Um Que Gaste Mais Dinheiro do Que Ele Pode Ganar Para Sua Família. "Na casa do sábio há comida e azeite armazenados, mas o tolo devora tudo o que pode", (Pv 21:20).

13. O Tolo É Qualquer Um Que Tenha Um Sistema Próprio de Crença Contrário À Palavra de Deus. "Quem confia em si mesmo é insensato, mas quem anda segundo a sabedoria não corre perigo", (Pv 28:26).

14. O Tolo É Qualquer Um Que Se Recuse A Honrar Seus Compromissos. "Quando você fizer um voto, cumpra o sem demora, pois os tolos desagradam a Deus; cumpra o seu voto. É melhor não fazer voto do que fazer e não cumprir", (Ec 5:4-5).

15. O Tolo É Qualquer Um Que Se Preocupe Mais Em Ganhar Dinheiro Que Em Crescer Espiritualmente. "Deus lhe disse: 'Insensato! Esta mesma noite a sua vida lhe será exigida. Então, quem ficará com o que você preparou?' Assim acontece com quem guarda para si riquezas, mas não é rico para com Deus", (Lc 12:20-21).

16. O Tolo É Alguém Que Deseja Algo Que Não Está No Seu Direito. A esposa de Acabe, a rainha Jezabel, também foi uma tola. As reclamações do marido contra o homem da vinha lhe despertaram a ira. Por quê? Porque ela desejava algo que não estava no seu direito.

17. O Tolo Que Se Mantém Em Silêncio Não Será Identificado Como Tal. "Até o insensato passará por sábio, se ficar quieto, e, se contiver a língua, parecerá que tem discernimento", (Pv 17:28).

18. O Tolo Está Sempre No Centro da Contenda. "As palavras do tolo provocam briga, e a sua conversa atrai açoites. A conversa do tolo é a sua desgraça, e os seus lábios são uma armadilha para a sua alma", (Pv 18:6-7).

19. Quem Acompanha O Tolo Sempre Se Prejudica. "Aquele que anda com os sábios será cada vez mais sábio, mas o companheiro dos tolos acabará mal", (Pv 13:20).

20. O Sábio Sempre Se Afasta do Tolo Quando Percebe Que Ele Não Quer Aprender. "Mantenha-se longe do tolo, pois você não achará conhecimento no que ele falar", (Pv 14:7).

21. Todo Mentiroso É Tolo. "Quem esconde o ódio tem lábios mentirosos, e quem espalha calúnia é tolo", (Pv 10:18). O mentiroso destrói a própria integridade com uma única frase. Ele trocará um relacionamento duradouro por uma simples ilusão. Sem dúvida, é um tolo.

22. Normalmente, O Tolo Só É Mudado Se For Corrigido Na Infância. "A insensatez está ligada ao oração da criança, mas a vara da disciplina a livrará dela", (Pv 22:15).

23. O Tolo Não Pode Ser Mudado Com Um Simples Conselho. "Não vale a pensa conversar om o tolo, pois ele despreza a sabedoria do que você fala", (Pv 23:9).

24. O Tolo Jamais Deve Ser Colocado Em Posição de Liderança. "A sabedoria é elevada demais para o insensato; ele não sabe o que dizer nas assembléias", (Pv 24:7). Na Antiguidade, os sábios se reuniam nos portões da cidade. Os tolos nunca eram bemvindos nem reciebam posições de influência.

25. A Contínua Ameaça de Sofrimento É A Única Influência Que O Tolo Tem Para Oferecer. "O chicote é para o cavalo, o freio para o jumento, e a vara, para as costas do tolo!", (Pv 26:3).

26. O Tolo Acaba Destruindo A Vida de Quem Confia Nele. "Como cortar o próprio pé ou beber veneno, assim, é enviar mensagens pelas mãos do tolo", (Pv 26:6).

27. O Tolo Continua Tolo Mesmo Quando Menciona A Sabedoria de Outros. "Como pendem inúteis as pernas do coxo, assim é o provérbio na boca do tolo", (Pv 26:7).

28. O Tolo, Quando Assume Uma Posição de Honra Ou de Poder, Torna-Se Letal Para Os Que Estão Sob Sua Influência. "Como amarrar uma pedra na atiradeira, assim é prestar honra ao insensato", (Pv 26:8).

29. O Tolo Acaba Sofrendo As Conseqüências Dos Próprios Atos. "Como o arqueiro que atira ao acaso, assim é quem contrata o tolo ou o primeiro que passa", (Pv 26:10).

30. O Tolo É Alguém Que Comete O Mesmo Erro Repetidas Vezes. "Como o cão volta ao seu vômito, assim o insensato repete a sua insensatez", (Pv 26:11).

31. O Tolo Usa A Ira Para Ameaçar E Criar Problemas Para Os Outros. "A pedra é pesada e a areia é um fardo, mas a irritação causada pelo insensato é mais pesada do que as duas juntas", (Pv 27:3).

32. O Tolo Declarado É Mais Destrutivo Que Animais Selvagens Furiosos. "Melhor é encontrar uma ursa da qual roubaram os filhotes do que um tolo em sua insensatez", (Pv 17:12).

33. Nenhuma Sabedoria Ou Conselho É Capaz de Firmar Um Relacionamento Pacífico Com O Tolo. "Se o sábio for ao tribunal contra o insensato, não haverá paz, pois o insensato se enfurecerá e zombará", (Pv 29:9).

34. O Tolo Expressa Tudo Que Sabe E Que Sente. "O tolo dá vazão à sua ira, mas o sábio domina-se", (Pv 29:11).

35. O Tolo Fala Demais E É Conhecido Por Isso. "Embora o tolo fale sem parar, ninguém sabe o que está para vir; quem poderá dizer a outrem o que lhe acontecerá depois?"; "Das muitas ocupações brotam sonhos; do muito falar nasce a prosa vã do tolo", (Ec 10:14; 5:3).

36. O Tolo Nunca Acredita Que Está Errado. "Quando você for ao santuário de Deus, seja reverente. Quem se aproxima para ouvir é melhor do que os tolos que oferecem sacrifíco sem saber que estão agindo mal", (Ec 5:1).

37. Os Pais do Tolo Viverão Tristes A Vida Inteira. "O filho tolo só dá tristeza, e nenhuma alegria tem o pai do insensato"; "O filho tolo é a tristeza do seu pai e a amargura daquela que o deu à luz", (Pv 17:21, 25).

38. Todo Ateu É Tolo. "Diz o tolo em seu coração: 'Deus não existe'", (Sl 14:1; ver também 53:1).

39. O Tolo Não Aprende Com A Observação Nem Com A Experiência. "O homem de discernimento mantém a sabedoria em vista, mas os olhos do tolo vagueiam até os confins da terra", (Pv 17:24).

40. Qualquer Conversa Com O Tolo Deve Ser Evitada. A associação com ele é prejudicial. A correção é inútil. Salomão compreendeu bem isso: "Não responda ao insensato com igual insensatez, do contrário você se igualará a ele", (Pv 26:4). Ele se recusava a entrar em discussões fúteis.

41. O Tolo Perpetua Seus Ressentimentos. Ele deseja que os outros sintam sua dor. Ele prefere levantar um exército para combater os seus desafetos a tentar resolver a situação.

42. O Tolo Se Recusa A Admitir Seu Erros, Mesmo Quando Sua Dor É O Resultado Óbvio de Um Deles.

43. O Tolo Se Recusa A Buscar Conselho de Quem É Mais Experiente. Após ouvir várias recalmações sobre problemas financeiros, ofereci-me para pagar a inscrição para uma conferência sobre o assunto. Eu trouxera seis milionários para aconselhar sobre bênção financeira em um evento de seis dias. Mas os que estava reclamando de suas finanças não participaram de nenhuma das palestras, embora morassem a cinco minutos do local do evento!

O reconhecimento de um tolo poupará você de milhares de experiências frustrantes.

∼ 1 Samuel 12:23 ∼

"Longe de mim esteja pecar contra o SENHOR,
deixando de orar por vocês".

❧ 21 ❧

Reconhecimento de Um Intercessor Designado Para Você

A Oração É A Maior Arma de Sua Vida.
Batalhas perdidas são evidências de que essa arma não está sendo utilizada.

18 Fatos Que Você Deve Saber Sobre A Oração Intercessória

1. **Deus Nos Manda Orar.** "Eles deviam orar sempre e nunca desanimar", (Lc 18:1).
2. **A Oração Agrada O Coração de Deus.** "Ali, sobre a tampa, no meio dos dois querubins que se encontram sobre a arca da aliança, eu me encontrarei com você e lhe darei todos os meus mandamentos destinados aos Israelitas", (Êx 25:22).
3. **A Oração É Agradável Ao Nosso Espírito.** "Venham a mim, todos os que estão cansados e sobrecarregados, e eu lhes darei descanso", (Mt 11:28).
4. **A Oração Afeta A Vida Dos Outros.** "Antes de tudo, recomendo que se façam súplicas, orações, intercessões e ações de graças por todos os homens", (1 Tm 2:1).
5. **A Oração Produz Milagres**

Excepcionais. "Clame a mim e eu responderei e lhe direi coisas grandiosas e insondáveis que você não conhece", (Jr 33:3).

6.   Seu Pedido Deve Ser Feito Diretamente Ao Pai. "Naquele dia vocês não me perguntarão mais nada. Eu lhes asseguro que meu Pai lhes dará tudo o que pedirem em meu nome", (Jo 16:23).

7.   Todo Pedido Deve Ser Feito Em Nome de Jesus. "Eu farei o que vocês pedirem em meu nome, para que o Pai seja glorificado no Filho. O que vocês pedirem em meu nome, eu farei. Se vocês me amam, obedecerão aos meu mandamentos", (Jo 14:13-15).

8.   A Oração Revela Humildade. Ela revela confiança e fé em Deus. É a prova de seu respeito por Deus.

9.   Os Intercessores São Aqueles Chamados Para Orar Por Você. Como disse Samuel: "longe de mem esteja pecar contra o SENHOR, deixando de orar por vocês", (1 Sm 12:23).

10. A Intercessão Era Hábito de Jesus. "Num daqueles dias, Jesus saiu para o monte a fim de orar, e passou a noite orando a Deus", (Lc 6:12).

11. Os Intercessores São Procurados Por Deus. "Procurei entre eles um homem que erguesse o muro e se pusesse na brecha diante de mim e em favor desta terra, para que eu não a destruísse, mas não encontrei nenhum", (Ez 22:30).

12. Os Intercessores São Necessários A Todos Nós. "Pedro [...] ficou detrido na prisão, mas a igreja orava intensamente a Deus por ele", (At 12:5). Deus enviou um anjo e libertou-o da prisão, por causa dos intercessores.

13. A Intercessão É O Hábito Dos Grandes Homens de Deus. O Apóstolo Paulo era brilhante. Ele conhecia as Escrituras e a arte da persuasão. Mas também compreendia a incrível força da oração. Ele escreveu a Timóteo: "Dou graças a Deus, a quem sirvo coma consciência limpa, como o serviram os meus antepassados, ao lembrar-me constantemente de você, noite e dia, em minhas orações", (2 Tm 1:3).

14. A Intercessão Está Acontecendo Neste Momento No Céu, A Seu Favor. Jesus é seu intercessor. "Quem os condenará? Foi Cristo que morreu; e mais, que resuscitou e está à direita de Deus, e também intercede por nós", (Rm 8:34).

15. A Intercessão Acontece Diariamente Por Meio do Espírito Santo Que Habita Em Você. "da mesma forma o Espírito nos ajuda em nossa fraquzea, pois não sabemos como orar, mas o próprio Espírito intercede por nós, com gemidos inexprimíveis. E aquele que sonda os corações conhece a intenção do Espírito, porque o Espírito intercede pelos santos de acordo com a vontade de Deus", (Rm 8:26-27).

16. A Intercessão de Jesus Protegeu Pedro da Destruição Espiritual. "Simão, Simão, Satanás pediu vocês para peneirá-los como trigo. Mas eu orei por você, para que a sua fé não desfaleça. E quando você se converter, fortaleça os seus irmãos", (Lc 22:31-32). Pedro não foi derrotado por causa da intercessão de Jesus por ele. Jesus sempre experava que suas orações produzissem resultados.

17. Os Intercessores Evitam Que Tragédias Aconteçam Em Nossa Vida. Ló passou por isso. Quando o pecado de Sodoma e Gomorra enfureceu a Deus, o Senhor desceu para destruir aquelas cidades iníquas. Abraão intercedeu junto a Deus A favor delas. A misericórdia divina foi liberada. Ló e suas duas filhas escaparam...por causa das orações de Abraão a favor daquela cidade. "Quando Deus arrasou as cidades da planície, lembrou-se de Abraão e tirou Ló do meio da catástrofe que destruiu as cidades onde Ló vivia", (Gn 19:29). Não foi a bondade de Ló que resultou em sua libertação. Foi a lembrança de Deus com respeito à intercessão de Abraão.

18. Quando Você Reconhece Os Intercessores Que Deus Designou Para Sua Vida, Seu Respeito Por Eles Traz Grandes Resultados. Todo mês, envio milhares de cópias do Pacto de Fé para meus amigos e colegas. Alguns simplesmente as jogam fora. No entanto, muitos me escrevem, mais tarde, sobre os incríveis resultados.

Quando você respeita seus intercessores, sua vida experimenta milagres em quantidades que você jamais sonhou.

～ 22 ～

RECONHECIMENTO DA SEMENTE QUE DEUS LHE DEU PARA SEMEAR

Você Irá Colher O Que Plantou.

As Escrituras provam isso: "Não se deixem enganar: de Deus não se zomba. Pois o que o homem semear, isso também colherá", (Gl 6:7).

21 Fatos Que Você Deve Saber Sobre A Semente da Fé

1. Semente É Qaulquer Coisa Que Você Tenha Recebido de Deus E Que Você Pode Semear Na Vida de Outra Pessoa.

Os *pensamentos* são sementes.

O *amor* é uma semente.

O *tempo* é uma semente.

A *paciência* é uma semente.

A *misericórdia* é uma semente.

A *bondade* é uma semente.

O *dinheiro* é uma semente.

Suas orações são sementes.

A *gratidão* é uma semente.

2. A Semente da Fé Semeia O Que Você Recebeu Para Criar Algo Além Daquilo Que Lhe Foi Prometido.

3. Sua Sememente É A Ferramenta Que Deus Lhe Deu Para Criar Seu Futuro. Observe Davi. Ele reclamou da armadura de Saul. Mas tinha uma outra ferramenta, o estilingue. Eral algo muito simples, menosprezado por outros soldados. No entanto, era a *semente* que Deus havia colocado nas mãos dele. Era uma ferramenta sobrenatural! Deus sempre deixa *alguma* coisa com você. O que será? *Descubra.*

4. Aquilo Que Você Recebeu de Deus Gerará Agluma Coisa Prometida Por Deus. A tenacidade da mulher que sofreu de hemorragia durante doze anos criou o milagre do toque da barra das vestes de Jesus. Os pães e os peixes de um jovem criaram o bastante para alimentar uma multidão. Pare de observar o que os outros possuem. Em vez disso, comece a agradecer a Deus por algo que ele já lhe deu.

5. Jamais Haverá Um Dia Em Sua Vida Que Você Não Tenha Nada. Você pode ser pobre como uma viúva da Bíblia. Muitos acham que ela não tinha nada. Mas tinha algo que era poderoso, incrível e raro.

Ela possuía habilidade para *reconhecer* um homem de Deus. Tinha capacidade de *ouvir* o homem de Deus. Tinha disposição para obedecer ao homem de Deus.

6. Deus Sempre Lhe Dá Algo Para Começar Seu Futuro. Davi tinha um *estilingue* para alcançar uma vitória. A viúva tinha *uma refeição* para investir no homem de Deus. Você tem *alguma coisa!* Procure por ela!

7. Você É Um Armazém Ambulante de

Notáveis Sementes. A maioria das pessoas não tem idéia do que possui! Gastam milhares de horas estudando suas perdas, em vez de fazer o inventário das coisas que eles receberam. Preocupam-se com o que não têm, em vez de valorizar o que têm.

Ouça cuidadosamente. Raramente será destrutivo ou devastador fazer o inventário das coisas que você precisa ou deseja. Mas será trágico se você falhar em *reconhecer suas sementes,* o que você recebeu de Deus para plantar na vida das outras pessoas. Pare de olhar para as perdas! Olhe para mais longe e seja grato por algo que você já recebeu e já possui.

8. **Algo Que Você Já Possui É A Chave Para Seu Futuro.** Pode ser conhecimento, dinheiro, habilidades, idéias, critérios ou conceitos. Você já tem o bastante para criar seu futuro.

9. **Tudo Que Você Tem Foi Dado Por Deus.** Não se orgulhe de contribuir com meros dez por cento. Todo o seu salário vem de Deus! Sua visão vem de Deus! Sua audição vem de Deus! Sua saúde vem de Deus! Sua inteligência vem de Deus! O favor de outros para com você vem de Deus! Você não tem nada que Deus não tenha lhe dado.

10. **Se Você Apenas Mantiver O Que Tem Hoje, Isso Será O Máximo Que Você Terá.** Quando você semeia, é isso que colherá, pelo menos. Esse é um dos princípios vitais que você deve compreender ao liberar uma *colheita exepcional.* Liberar o que você tem é a única evidência de que você crê o que Deus o sustentará.

11. **Uma Semente de Nada Garante Uma Colheita de Nada.** Há alguns anos, o Espírito Santo

me mandou plantar uma linda Mercedes na vida de uma outra pessoa. Mas eu estava irritado com aquela pessoa e me recusei a fazê-lo. Agora fico pensado sobre a colheita que perdi...várias vezes. Se semente de *alguma coisa* pode criar *alguma coisa,* é óbvio que a semente de nada resultará em uma colheita de nada em sua vida.

12. A Semeadura É A Única Prova de Que Dominou A Ambição. Os homens acumulam, satanás rouba. Deus tem uma natureza generosa. Dar é a única cura para a ambição. Sua semente é a prova de que você dominou a avareza, o egoísmo e a ambição.

13. Quando Você Entrega O Que Está Em Suas Mãos, Deus Entrega O Que Está Nas Mãos Dele. Quando o jovem entregou os pães e os peixes nas mãos de Jesus, a multiplicação começou. No final, vários cestos tiveram de ser recolhidos!

14. Toda Semente Contém Uma Instrução Invisível. Você não pode vê-la, é obvio. Mas uma pequena semente de melancia seguirá essa instrução e produzirá mais melancias. A semente do tomate criará mais tomates. Cada semente contém uma missão específica, a qual foi colocada dentro dela pelo Criador.

15. Quando Você Dá À Sua Semente Uma Missão Específica, Fé E Expectativa São Liberadas. A viúva estava desanimada. Mas o homem de Deus lhe deus a perspectiva da possibilidade. Ela foi encorajada a plantar uma semente para que não passasse por outros períodos de escassez. Ela assim o fez, e a fé nasceu. "Ela foi e fez conforme Elias lhe dissera. E aconteceu que a comida durou muito tempo, para Elias e para a mulher e sua família", (1 Rs 17:15).

16. Quando Você Aumenta O Tamanho de Sua Semente, Está Aumentando O Tamanho de Sua Colheita. "Lembrem-se: aquele que semeia pouco, também colherá pouco, e aquele que semeia com fartura, também colherá fartamente", (2 Co 9:6).

17. Quando Você Se Envolve Com O Sonho de Deus, Ele Se Envolve Com O Seu Sonho. Aqui se encontra o poder da semeadura. Você cria um pacto. Pense em uma pequenina semente que faz um pacto com o solo. Em poucas semanas, ela consegue quebrar uma laje de concreto! Este é o poder de dois...o pacto. A viúva investiu em Elias. Deus, então estabeleceu um pacto com ela para que ela nunca mais passasse fome (ver 1 Rs 17).

18. Você Pode Semear Apenas O Que Recebeu. Pare de reclamar do que você não tem. Você não tem dinheiro? Então, use seu tempo como semente. Trabalhe para seu chefe, para a igreja local ou simplesmente cuide de alguma criança para alguém que já tem trabalho demais! Use seu tempo como semente!

19. Sua Semente É Sempre A Saída Para Algum Problema. Foi assim para a viúva. Pode ser para você. Pode ser informação, motivação ou encorajamento. Atribua uma missão, e essa semente poderá produzir uma saída para a situação em que você se encontra.

20. Quando Deus Conversa Com Você Sobre A Semente, Ele Já Tem Uma Colheita Planejada.

21. Una Semente Fora do Comum Sempre

Cria Uma Colheita Fora do Comum. A semente excepcional é aquela que requer fé excepcional...ou aquela que você semeia durante uma estação de dificuldades excepcionais.

Aqui está um dos meus milagres que conto no livro *7 Keys To 1.000 Times More [7 Segredos Para 1.000 Vezes Mais].*

Como Destruí A Estrutura da Pobreza Em Minha Vida!

Destruí a estrutura da pobreza com uma semente excepcional. Uma semente de mil dólares. Nunca me esquecerei desse fato enquanto viver. Isso aconteceu em um programa de arrecadação de dinheiro para ajudar pessoas carentes, chamado *Telethon*. Havia acabado de receber um cheque de 5 mil dólares, referente aos *royalties* de uma música que escrevi. Eu estava extasiado! Sabe, eu não tinha nada. Folhas e mais folhas estavam pregadas em minhas janelas. Eu queria muito comprar cortinas. Precisava de uma mesa com cadeiras para a cozinha. Eu não tinha absolutamente nada! Por isso tinha planos realmente maravilhosos para meus 5 mil dólares. Aquele cheque era a minha colheita!

de repente, o Espírito Santo falou comigo enquanto eu estava sentado próximo a alguns ministros *Telethon*.

"Quero que você plante uma semente de mil dólares".

Bem, expliquei para o Espírito Santo que eu ia comprar cortinas e uma mesa com cadeiras para minha cozinha! (Levou cerca de 45 minutos para eu decidir obedecer-lhe.)

No dia seguinte, ele falou novamente. Plantei a *segunda* semente de mil dólares. Depois, no domingo seguinte, de manhã, o Espírito Santo falou comigo pela terceira vez, para que eu plantasse a *terceira* semente de mil dólares em uma igreja de Dallas. A experiência daquela tarde não pode ser explicada em palavras! Eu estava passando por um momento de tormentas e êxtase ao mesmo tempo. Sentia-me um pouco mal por dentro porque parecia que eu havia sido arrebatado. Ajoelhei-me no pequeno gabinete pastoral, naquela tarde, antes do culto. Meu coração estava muito perturbado.

"Espírito Santo, cinco dias atrás eu tinha 5 mil dólares. Nos últimos cinco dias, me mandaste plantar três sementes de mil dólares. Se isso nnao é plano teu, faça-me parar agora!".

O Espírito Santo gentilmente transmitiu a idéia de que *quando ele conversou comigo sobre cada semente, ele já tinha uma colheita planejada para elas.* Quando abri minha mão, ele abriu suas comportas. A semente que estava deixando minha mão jamais deixaria minha vida, apenas minha mão, e entraria em meu futuro, onde se multiplicaria!

Os *milagres começaram.*

Naquela noite, um homem se aproximou de mim. Ele abriu um livro sobre automóveis raros. Ele me mostrou um dos carros que havia no livro: "Existem apenas 19 destes em todo o mundo. Eu consegui ter o de número de série 1, o primeiro que foi fabricado. É meu carro de estimação. *Deus me disse para dá-lo a você!*".

No dia seguinte, um homem entrou em meu

escritório. Ele disse: "Compreendo que você precisa de uma *van* para seu ministério. Peça a melhor que alguém possa comprar. *Eu pagarei por ela*".

Na quinta-feira de manhã, o dia seguinte, um amigo veio almoçar comigo. Ele explicou que não estava conseguindo dormir à noite. O Espírito Santo lhe mandara plantar uma semente especial de 10 mil dólares em meu ministério!

Minha vida nunca mais foi a mesma.

Em poucos anos, mais de 300 mil dólares vieram para meu bolso e minha vida, provenientes dos *royalties* de minhas composições. Foi surpreendente!

O reconhecimento de sua semente pode liberar milhares de colheitas que você pensa serem impossíveis.

⚓ 23 ⚓

Reconhecimento de Uma Colheita Que Deus Enviou Para Você

━━━━➤◦◄━━━━

As Colheitas Acontecem Diariamente Em Sua Vida.

Sua colheita é qualquer coisa boa que surja em sua vida.

▶ *Qualquer pessoa* que abençoe, encoraje, corrija, fortalece ou melhore você.

▶ *Qualquer idéia* plantada pelo seu Criador que tenha potencial para ajudar alguém.

▶ *Qualquer oportunidade* para aumentar suas finanças, maximizar seu padrão de excelência ou liberar um dom ou habilidade dentro de você. Consiste em qualquer opor tunidade que você tenha para resolver um problema.

Poucos reconhecem sua colheita quando ela acontece.

Meu pai é uma colheita de ouro em minha vida. Que eu me lembre, ele tem orado de seis a dez horas todos os dias. Hoje, ele tem 82 anos e ainda é cheio de paixão por Deus. Ele é obcecado pelas Escrituras. Nunca o ouvi contar uma mentira, amaldiçoar ou dizer algo que não pudesse ser publicado na primeira página de um jornal. Ele caminha com Deus. Minha maior e mais nítida lembrança é vê-lo de joelhos, com as mãos levantadas, orando em linguagem celestial.

Ele foi um forte disciplinador. As surras que me aplicou perduram em minha memória de modo indelével. Mesmo assim, nunca o ouvi levantar a voz, uma vez sequer, em toda a minha vida. Ele nunca gritou. Minha mãe nunca gritou com nenhum de nós. Eu ainda digo "sim, senhor" e "não, senhor". Ele é uma colheita de Deus porque ele me *advertiu, me disciplinou e me manteve na presença de Deus.*

Suas colheitas vêm em sua direção a cada momento da sua vida. É sua responsabilidade reconhecê-las.

Há vários anos sou o preletor de um banquete de final de ano de uma empresa de caminhões. Todo Natal, é meu o privilégio de falar naquele evento. Em minha última participação, um caminhoneiro se aproximou e disse:

"Mike, você nos disse sobre plantar aquela semente de 58 dólares da última vez que esteve aqui, mas nada aconteceu. Acho que não funcionou para mim".

"Você ainda não conseguiu nenhuma colheita?" perguntei.

"Não. Nada!".

Ele continuou a falar enquanto minha mente trabalhava. Sabe, acho que um homem que consegue olhar para Deus, face a face, e dizer que nunca recebeu nada das mãos dEle tem um sério problema. (A sabedoria pode nem sempre deixá-lo corajoso, mas a ignorância sempre dá coragem.) Conversamos algum tempo. Depois de alguns minutos, ele declarou:

"Uma coisa muito estranha aconteceu comigo há algumas semanas. Estava dirigindo em uma estrada próxima daqui, quando de repente meu carro e meu trêiler dobraram no meio da estrada, e eu praticamente fui parar no acostamento. Isso poderia ter me matado, mas, felizmente, escapei sem um arranhão. É algo muito estranho, não é?".

Esse era o mesmo homem que me dissera, cinco minutos antes, "que a semente não havia funcionado para ele! Ele nunca recebera nenhuma colheita daquela semente!".

Quase ninguém reconhece a colheita quando ela acontece. Ele poderia ter quebrado o pescoço. Uma perna poderia ter sido arrancada fora. Ele poderia ter morrido e deixado a família sem sustento. O livramento que Deus lhe deu foi uma colheita milagrosa, mas *ele nunca a reconheceu.*

Toda noite você recebe o privilégio de entrar em sua garagem. Olhe para cima, em direção àquela bela lua, pare por um momento e diga: "Pai, obrigado pela bela colheita de hoje".

Ele manteve seus anjos ao seu redor todos os momentos do dia. Você não amanheceu em um hospital com tubos ligados ao corpo. Por favor, me ouça!

Isso é uma colheita.

Milhares de pessoas não puderam voltar para casa hoje, *mas você voltou.* Quando você acorda pela manhã, respirando, vivo e se sentindo bem, olhe pela janela. *Se puder ver o Sol se levantando,* com toda a sua beleza e resplendor, você já obteve *outra colheita.* Milhares de pessoas jamais viram o nascer do Sol em toda a sua vida.

Quando você se senta, à noite, para jantar, olhe cuidadosamente para as travessas cheias de comida. Você pode comer até se sentir satisfeito.

Isso é uma colheita.

Posso levá-lo a lugares do mundo, como Calcutá, na Índia, onde crianças morrem todas as noites porque não conseguem encontrar migalhas de pão suficientes para sobreviver no dia seguinte.

Quando engole sua comida e a digere, você acabou de obter uma *outra colheita.* Milhares de pessoas estão em hospitais neste exato momento e não podem se alimentar.

Quando passou pelo trânsito hoje de manhã, a caminha de um dia de trabalho, você acabou de obter *uma outra colheita.* Milhões de pessoas fariam qualquer coisa se soubessem para que estão acordando. Mas elas estão desempregadas. Estão procurando um lugar ao Sol.

Isso é uma colheita.

Você consegue ouvir a bela música que viaja no vento ou que sai de seu rádio? Milhares de pessoas não conseguem ouvir um som sequer. Mas você acabou de obter *outra colheita.* Quando você deitar a cabeça sobre o travesseiro esta noite, olhe para o teto por alguns minutos. Pode até chover, mas você não será perturbado. Os ventos podem soprar forte, mas você nem vai sentir. Os relâmpagos podem brilhar, mas você estará a salvo. Você tem um teto sobre a cabeça.

Isso é uma colheita.

Quando seu filho vier correndo até você e disser: "Papai! papai!", abra os braços e receba essa criança. Porque milhares de pais perderam seus filhos. Doença, acidente, situações irreversíveis têm criado um grande vazio dentro deles. Suas casas estão silenciosas, repletas de solidão. Muitas mães dariam qualquer coisa para ouvir o filho chorar no meio da noite. O pai trocaria todas as suas economias para ver o filho correr pelo jardim *só mais uma vez*. Mas você tem seus filhos ao seu redor neste dia.

Isso é uma colheita.

Quando acordei na manhã de hoje, deslizei para o lado da cama. Sentei-me e me levantei para ir ao banheiro, onde apertei a tecla "Play" de meu tocafitas. Comecei a ouvir uma voz bela e profunda declamando as Escrituras no aparelho de som. Meu coração começou a palpitar. A presença de Deus encheu o lugar.

Isso é uma colheita.

Milhões de pessoas não são salvas, nem transformadas, nem instruídas. Mas você conhece Jesus. Ele mudou sua vida.

Isso é uma colheita.

Enquanto você estiver sentado em seu lindo carro no dia de hoje, bem refrigerado e em segurança, lembre-se dos milhares de refugiados que estão engatinhando pelo deserto à noite, procurando uma cabana sob a qual possam proteger sua família e beber um pouco de água. Um pedaço de pão é celebrado por eles. Eles perderam sua casa por causa da guerra e dos conflitos em seu país. Você verá essa situação nos noticiários de TV, todas as noites. Mas você entrará em um resaurante, comprará um hambúrger e reclamará de algo que não veio em seu sanduíche. Talvez a alface, ou talvez tenha vindo a mostarda, em vez da maionese. Você sempre encontrará algo para reclamar. Meu amigo, a ingratidão foi o primeiro pecado, e Deus não a perdoou.

Sua vida tem sido um festival de colheitas.

Você deve aprender a *reconhecer* sua colheita.

10 Fatos Sobre Sua Colheita

1. Sua Colheita É Qaulquer Pessoa Ou Coisa Que Possa Abençoar Ou Beneficiar Você. Pode ser alguém que contribua com algo que você necessite: informação, favor, finanças, uma idéia ou encorajamento, quando você mais precisar.

2. Sempre Há Uma Colheita. Ela está caminhando ao seu redor! Assim como seus olhos tiveram de se abrir para reconhecer a Jesus, seus olhos também terão de ser abertos para reconhecer suas colheitas quando elas estiverem chegando.

3. Conhecer Alguém Que Acredite Em Você É Uma Colheita. Cada novo contato é uma colheita.

4. Sua Colheita Acontece Quando Alguém Recomenda Você A Alguém. Quando fluxo de favor e aceitação com relação à sua vida é uma colheita.

5. O Mundo Inteiro Sentiu Falta da Colheita de Jesus. "Aquele que é a Palavra estava no mundo, e o mundo foi feito por intermédio dele, mas o mundo não o reconheceu. Veio para o que era seu, mas os seus não o receberam", (Jo 1:10-11). Que trágico! Líderes espirituais, como os fariseus, falharam em reconhecê-lo. Os políticos dos dias dele *falharam em vê-lo como sua colheita.*

6. Tudo Que Você Possui Provém Dele.

7. Tudo Que Você Irá Possuir No Futuro Virá Dele.

8. Sua Colheita Milagrosa Irá Passar Por Você Todos Os Dias. Você pode estar falhando em vê-la, falhando em se apropriar dela e falhando em ser grato por ela.

9. Você Deve Parar O Que Está Fazendo E Celebrar As Coisas Boas Que Acontecem Ao Seu Redor.

10. Você Está Continuamente Indo Em Direção A Uma Gloriosa Colheita. Alguma coisa maravilhosa também está indo em sua direção. Que tal diminuir um pouco o ritmo para discerni-la?

É por isso que fico frustrado, desnorteado e irritado com a ataque malicioso e inexplicável à mensagem de semear uma semente para obter uma colheita.

Recentemente, chorando perante um grande grupo de ministros, clamei: "Será que alguém pode me explicar por que o momento de ofertas é tão sofrido para vocês? Por favor, digam-me por que vocês conseguem passar duas horas na sexta-feira à noite dando apoio a um jogo de basquete para adolescentes, mas acham que quinze minutos no culto discutindo sobre a semente e a colheita é muito tempo? Por favor, me expliquem isso! Alguém me diga por que é tão fácil, me expliquem isso! Alguém me diga por que é tão fácil sentar-se noventa minutos em um restaurante 24 horas para comer panquecas depois do culto, mas uma mensagem de noventa minutos sobre prosperidade, vinda do Provedor, nos deixa irritados e impacientes? Por favor, me expliquem: por que a oferta o tira da tomada? Alguém, por favor, me diga por que não houve problema algum no fato de Jesus ter morrido da maneira mais humilhante no Calvário, com vários espinhos cravados em sua testa, uma lança cravada em um de seus lados e pregos enfiados em suas mãos; quatrocentos soldados cuspindo sobre seu corpo, 39 chicotadas fazendo suas costas sangrar; com sua barba arrancada da face. Mas falar sobre trazer dinheiro para a casa de Deus enfurece tanto os que se declaram apaixonados por Cristo. Será que alguém pode me explicar isso?".

O que você tem que Deus não lhe deu? É ele que continua a soprar o fôlego dele em você.

Você não poderia respirar nem mais um minuto *se Deus não soprasse o fôlego dele em você.*

Você não poderia dar nem mais um passo *se Deus não estivesse aí.*

Você não poderia viver nem mais um dia *se a presença dele fosse retirada de sua vida.*

Olhei para centenas de pastores em Washington, D.C., e supliquei: "Por favor, expliquem-me por que vocês estão envergonhados de celebrar a semeadura da semente na obra de Jesus Cristo! Por quê? Por quê? Por quê? Por que isso é tão humilhante para vocês? Por que vocês são tão corajosos, audaciosos e impetuosos para pedir a Deus uma corrente contínua de milagres para todos em sua igreja, mas não têm coragem o bastante para olhar na face do povo e instruí-lo a trazer a oferta para o altar e colocá-la publicamente nas mãos dele? Por quê? É uma recompensa para um boxeador receber 14 milhões de dólares por noventa segundos de luta?"

"Outro atleta recebe 40 milhões para saltar em um jogo de basquete. Mas, por que trazer dez centavos para Deus é algo tão penoso para vocês? Por que é tão doloroso para nós pedir que alguém semeie uma semente de 58 dólares para exaltar o nome de Jesus, o maior nome da terra, que tira os homens do inferno e os leva para o céu?".

Ouçam-me! Ouçam meu coração neste dia!

Quando seu pastor recebe uma oferta, ele acabou de *abrir a porta para que você mude as circunstâncias de sua vida.*

Você pode lamentar isso.

Você pode reclamar isso.

Você pode zombar isso.

Você pode até dizer coisas tolas como: "Sou tão grato por nosso pastor nunca falar sobre dinheiro!". Francamente, nunca freqüentaria uma igreja que não discutisse nunca sobre dinheiro. Penso em suprimentos todos os dias de minha vida. A última coisa de que preciso é alguém que ignore as maiores necessidades de minha vida!

Alguns membros de diretoria recentemente discutiram o salário do pastor deles comigo. Estavam preocupados. Sentiam que a renda do pastor era um pouco maior que a necessidade dele.

"A sua família irá para o céu, caso eles morram?" perguntei. "de quem têm sido os ensinamentos que os têm sustentado e mantido perto de Deus?".

Enquanto eu falava, os olhos deles pareciam saltados para fora de tão abertos. Eles compreenderam. Na verdade, estavam pensando em reduzir o salário do pastor, mas o pastor deles era *a cobertura de oração* sobre a vida deles, *expulsando as trevas do erro, dissipando as travas das prisões mentais e levando-os à presença de Deus,* onde a paz e a alegria eram multiplicadas para eles.

Aquele *pastor* havia mudado a vida deles para sempre.

Mas eles não o reconheciam como sua colheita.

Reconheça sua colheita.

Ninguém mais pode fazer isso por você.

Ninguém.

Ninguém mais *deve* fazer isso por você.

Você é responsável por sua vida, sua semente e suas colheitas.

"Ah, queria poder tentar mais uma vez", chorava uma mulher. "Cometi um grande erro com meu marido. Foi minha culpa. Ele era o melhor homem que já conheci, porém prestei mais atenção em suas fraquezas. Quero voltar para casa, mas não posso". Era muito tarde.

A *colheita dela se perdera.*

Quase sempre ouço: "Dr. Mike, eu dou, dou e dou, mas Deus nunca me dá nada de volta. Nunca recebo a colheita. O que devo fazer?".

Essa pergunta me assusta. Como pode alguém que tenha um pouco de discernimento das bênçãos de Deus dizer sem nenhuma vergonha que "Deus nunca me abençoa?". É inexplicável. *Esse indivíduo não tem nenhuma idéia do que é uma colheita de verdade.*

Você tem?

Amigo, reconheça qualquer ingratidão de sua parte e se arrependa imediatamente.

A colheita não reconhecida fica sem ser desfrutada. A colheita não desfrutada é um monumento à ingratidão.

Nossa Oração...

"Pai, perdoe-nos pela ingratidão e por qualquer cegueira em relação às colheitas que tens providenciado. É verdade que nosso espírito de reclamação tem nos roubado muitos dos milagres que programaste para nossa vida. Em nome de Jesus, rendome a ti. Eu te dou tudo de mim, sabendo que revalarás as coisas maravilhosas que tens reservado para minha vida.

"Obrigado pela mente que recebi e pelas portas de favor que são abertas em minha vida. És um Deus maravilhoso, poderoso e generoso.

"Sou grato por tudo. Não me esquecerei de tuas bênçãos em minha vida. Prontamente, te darei glória e louvor por todas as coisas boas que tens feito por mim. E receberás o dízimo de tudo que me deres.

"Agradeço por cada bênção, em nome de Jesus, amém".

O reconhecimento de uma colheita destruirá a raiz de amargura, liberará entusiasmo incomparável e abrirá milhares de portas em sua vida.

∽ Eclesiastes 4:9-12 ∽

"É melhor ter companhia do que estar sozinho, porque maior ee a recompensa do trabalho de duas pessoas. Se um cair, o amigo pode ajudá-lo a levantar-se. Mas pobre do homem que cai e não tem quem o ajude a levantar-se! E se dois dormirem juntos, vão manter-se aquecidos. Como, porém, manter-se aquecido sozinho? Um homem sozinho pode ser vencido, mas dois conseguem defender-se. um cordão de três dobras não se rompe com facilidade".

❧ 24 ❧

RECONHECIMENTO DE UMA CONEXÃO VITAL

Você Não Pode Ser Bem-Sucedido Sozinho.
O relacionamento é um mandamento.
O relacionamento é um privilégio.
O relacionamento é inevitável.

O relacionamento pode ser uma Conexão Vital para todo milagre e toda experiência feliz em sua vida. "É melhor ter companhia do que estar sozinho, porque maior é a recompensa do trabalho de duas pessoas. Se um cair, o amigo pode ajudá-lo a levantar-se. Mas pobre do homem que cai e não tem quem o ajude a levantar-se! E se dois dormirem juntos, vão manter-se aquecidos. Como, porém, manter-se aquecido sozinho? Um homem sozinho pode ser vencido, mas dois conseguem defender-se. Um cordão de três dobras não se rompe com facilidade", (Ec 4:9-12).

A lei mais poderosa do universo exige duas pessoas. Nada é mais eficaz na terra contra os espíritos demoníacos que a lei do concordância: "Se dois de vocês concordarem na terra em qualquer assunto sobre o qual pedirem, isso lhes será feito por meu Pai que está nos céus. Pois onde se reunirem dois ou três em meu nome, ali eu estou no meio deles", (Mt 18:19-20).

Cinco tipos de relacionamento são necessários

para concluir sua missão na terra:

▶ Orientadores—que o transformam.

▶ Discípulos—que o desafiam.

▶ Amigos—que o confortam.

▶ Inimigos—que o recompensam.

▶ Conexões vitais—que criam vínculos fortes.

O reconhecimento de uma conexão vital pode liberar ondas de favor e milagres em sua vida. Se você falhar em reconhecê-las como dom de Deus, irá abortar milhares de milagres.

30 Fatos Que Você Deve Saber Sobre Suas Conexões Vitais

1. Conexão Vital É Qualquer Pessoa Que Deus Usa Para Conduzi-Lo A Uma Mudança.

2. Você Não Pode Ser Bem-Sucedido Sem Uma Conexão Vital. Deus usa outras pessoas. Deus nunca permitirá que você tenha sucesso sozinho (Ec 4:9-12).

3. Sua Conexão Vital Pode Não Ser Necessariamente Um Amgio. O mordomo se esqueceu de José durante dois anos. A crise do faraó estimulou a memória dele. Ele não se considerava amigo de José, embora José tenha sido usado pelo Senhor para abençoá-lo. Deus usou o mordomo para ligar José a faraó.

4. A Conexão Vital Pode Ser Temprária. Filipe foi uma conexão vital para ligar o etíope eunuco com Deus, mas não os vemos juntos novamente depois daquele dia (At 8).

5. A Conexão Vital Pode Exigir Que Você

Procure Alguém. Noemi foi a conexão vital entre Rute e Boaz. Foi Rute quem tomou a iniciativa. "Não insistas comigo que te deixe e que não mais te acompanhe. Aonde fores irei, onde ficares ficarei! O teu povo será o meu povo e o teu Deus será o meu Deus!", (Rt 1:16).

6. A Conexão Vital Pode Tentar Desencorajar O Relacionamento. Noemi argumentou com Rute: "Veja, sua concunhada está voltando para o seu povo e para o seu Deus. Volte com ela!", (Rt 1:15). Rute se recusou a aceitar qualquer desencorajamento. Ela era persistente.

7. As Pessoas Ao Seu Redor Podem Tentar Impedi-Lo de Chegar À Conexão Vital. Quando o cego clamou por Jesus, os que estavam ao seu redor o mandaram ficar em silêncio. Mas ele *reconheceu* em Jesus a conexão vital para sua cura. Sua persistência estabeleceu o relacionamento.

8. A Conexão Vital Pode Representar Perigo Para Você. Quando Mardoqueu pediu que Ester se aproximasse do rei, ela ficou muito amedrontada. Era proibido entrar na presença do rei sem ser convidado, mas o futuro desejado era mais forte que sua sensação de inferioridade. Você deve reconhecer que seu *futuro* é mais importante que seus *sentimentos*.

9. A Conexão Vital Nem Sempre Tem Consciência Disso. Boaz não procurou Rute. Rute o reconheceu como sua conexão vital, e se fez acessível a ele (Rt 3:7-18).

10. A Conexão Vital Pode Aparentar Desinteresse. A mulher que tinha um fluxo de sangue "tocou" em Jesus. Ele não a procurou. Ela o

206 ■ MIKE MURDOCK

alcançou. Ele parecia indiferente a ela. Quando ela foi curada, Jesus percebeu que virtude havia saído dele. "Quem tocou em meu manto?", (Mc 5:30).

11. É Sua Responsabilidade Reconhecer A Conexão Vital, E Não Responsabilidade Dela Reconhecer Você. A mulher com fluxo de sangue reconheceu a Jesus. Ele não a reconheceu até depois da cura (ver Mc 5:25-34).

12. A Conexão Vital Pode Não Se Tornar Evidente, Senão Depois de Alguns Anos. O mordomo era a conexão com o faraó, mas ele se esqueceu de José por dois anos. A intercessão de Abraão trouxe libertação para Ló *depois* que eles se separaram (Gn 19:29).

13. A Conexão Vital Pode Ser Identificada Instantaneamente. Isso aconteceu entre Davi e Jônatas. Enquanto Davi acabava de falar com o rei Saul, seu filho, Jônatas, sentiu-se instantaneamente unido ao coração de Davi. "Depois dessa conversa de Davi com Saul, surgiu tão grande amizade entre Jônatas e Davi que Jônatas tornou-se o seu melhor amigo", (1 Sm 18:1).

14. A Conexão Vital Pode Acontecer Rapidamente Com Alguém Que Você Nunca Viu Antes. Quando Filipe deparou com o eunuco etíope na carruagem, perguntou se ele compreendia o livro que estava lendo. O eunuco imediatamente "convidou Filipe para subir e sentar-se ao seu lado", (At 8:31). Embora eles não se conhecessem, a conexão aconteceu instantaneamente.

15. Sua Conexão Vital Pode Não Reconhecer Seu Valor de Imediato. Paulo era a conexão vital entre João Marcos e o ministério. Mas

Paulo ficou irritado com João Marcos e quis se separar dele. "Barnabé queria levar João, também chamado Marcos. Mas Paulo não achava prudente levá-lo, pois ele, abandonando-os na Panfília, não permanecera com eles no trabalho. Tiveram um desentendimento tão sério que se separaram. Barnabé, levando consigo Marcos, navegou para Chipre, mas Paulo escolheu Silas e partiu", (At 15:37-40).

À medida que o tempo passava, João Marcos provava ser bom. Paulo o observava. Mais tarde, o apóstolo faz esta notável solicitação a Timóteo: "Só Lucas está comigo. Traga Marcos com você, porque ele me é útil para o ministério", (2 Tm 4:11).

16. A Conexão Vital Pode Ser Desconhecida E Até Mesmo Parecer Insignificante. Uma cena fascinante nas Escrituras é a da criada desconhecida, trazida cativa de Israel para a Síria. Ela era a criada da esposa de um grande general, Naamã. Mas uma simples declaração de sua boca liberou um dos milagres mais notáveis das Escrituras. Naamã, capitão do exército, tinha lepra. A criada disse à esposa dele: "Se o meu senhor procurasse o profeta que está em Samaria, ele o curaria da lepra", (2 Rs 5:3). O milagre fez história (ver 2 Rs 5:14). Às vezes, os maiores presentes de Deus chegam nos pacotes mais simples.

17. Seu Acesso À Conexão Vital Pode Enfrentar Oposição. A rainha Ester era a conexão vital entre o rei e o livramento dos judeus. Hamã era o inimigo deles. Sempre haverá alguém que menospreze seu relacionamento com sua conexão vital. Você pode nem saber que essa pessoa é seu inimigo. Mas no momento em que você estabelecer uma conexão vital, satanás designará alguém para romper esse relacionamento.

18. O Propósito da Conexão Vital É Cumprir O Plano de Deus Para Sua Vida. Deus planejou seu futuro. Ele colocará você em contato com aqueles que o ajudarão. O mordomo perpetuou o plano unindo José ao faraó no palácio.

19. A Conexão Vital Pode Afetar A Sobrevivência de Uma Nação Inteira. A rainha Ester, a conexão vital entre o rei e os judeus, deu aos judeus o direito de se defenderem durante a tentativa de aniquilação. A nação inteira sobreviveu por causa de uma mulher.

20. A Conexão Vital Pode Dar Início A Uma Nova Geração de Campeões. Leia a história de Rute. Noemi era sua conexão vital com Boaz. Do casamento deles nasceu Obede, cujo filho foi Jessé. Jessé gerou Davi, que gerou Salomão e a linhagem de Jesus. É verdade, uma única conexão vital pode afetar toda uma geração.

21. A Conexão Vital Pode Ser Difícil E Até Irritante. O mordomo se *esqueceu* de José por dois anos. Noemi tentou *desencorajar* Rute.

22. Deus Sempre Confirmará Sua Conexão Vital. O servo de Abraão pediu confirmação de Deus. Sua missão era assegurar uma esposa para Isaque, filho de Abraão. Ele orou: "Concede que a jovem a quem eu disser: Por favor, incline o seu cântaro e dê-me de beber, e ela me responder: 'Bebe. Também darei água aos teus camelos', seja essa a que escolheste para teu servo Isaque. Saberei assim que foste bondoso com o meu senhor", (Gn 24:14).

23. A Conexão Vital Sempre É Alguém Que

Resolverá Uma Crise Imediata Em Sua Vida.
Quando Hamã elaborou o plano para aniquilar os
judeus, Deus usou Ester como a conexão vital para
resolver a crise. Sua coragem e a audiência com o rei
deram aos judeus o direito de se defender.

**24. A Conexão Vital Pode Exigir Que Você
Faça Algo Que Nunca Fez Antes.** Sem Mardoqueu
como sua conexão vital, Ester poderia ter sido
destruída pelo plano diabólico e pelo ódio de Hamá.
Mardoqueu exigiu que ela se aproximasse do rei,
mesmo sem ter sido convidada. Ela assim o fez e foi
salva (Et 4:8).

**25. A Conexão Vital Pode Exigir Que Você
Faça Algo Desagradável Ou Difícil.** Mardoqueu
exigiu que Ester se aproximasse do rei sem ser
convidada. *Isso poderis ter lhe causado a morte* (ver
Et 4:11). Elias corajosamente instruiu a viúva a
fornecer-lhe *a última refeição* que ela tinha em sua
casa (ver 1 Rs 17). Rute teve de *abandonar o conforto
de Moabe* para ficar na companhia de sua conexão
vital, Noemi.

**26. A Conexão Vital Pode Ser Usada Por
Deus Para Evitar Tragédias.** Ester foi o elo que
impediu a aniquilação dos judeus. Elias foi o elo que
evitou a morte da viúva e de seu filho durante o
período de fome. Jonas *impediu a destruição* de
Nínive ao pegar sua mensagem para os habitantes
daquela cidade.

**27. A Conexão Vital Pode Ser Muito
Diferente de Você.** Golias foi o elo entre Davi e Saul.
Noemi foi o elo entre Rute e Boaz. Filipe foi o elo entre
o eunuco etíope e Deus. Deus sempre envia à sua vida
alguém completamente oposto a você...para se tornar

a conexão vital para a próxima estação.

28. Deus Sempre Usa A Conexão Vital Para Revelar Uma Falha Ou Um Erro Que Você Cometeu. Nínive era alvo de destruição, mas Deus usou Jonas para expor o pecado de seus habitantes. A tragédia foi evitada. "Vá à grande cidade de Nínive e pregue contra ela a mensagem que eu lhe darei", (Jn 3:2). Deus vê além de seus erros. Ele vê sua grandeza, seu futuro. Nínive pecou terrivelmente contra Deus. Mas Deus a chamou "grande cidade".

29. Toda Conexão Vital Que Não Foi Reconhecida Sairá de Sua Vida. Paulo foi uma conexão vital maravilhosa entre o povo de Éfeso e o Espírito Santo. Quando pregou três meses sobre o reino de Deus, alguns continuaram com o coração endurecido. Eles falavam contra ele e contra seus ensinamentos. Então Deus o tirou do meio deles. "Alguns deles se endureceram e se recusaram a crer, e começaram a falar mal do Caminho diante da multidão. Paulo, então, afastou-se deles. Tomando consigo os discípulos, passou a ensinar diariamente na escola de Tirano", (At 19:9).

30. Quando Deus Envia Uma Conexão Vital À Sua Vida, Ele Está Criando Mudanças Que Beneficiam Você.

▶ Ministros são conexões vitais para *mudanças*.

▶ Pais são conexões vitais para o *crescimento*.

▶ Chefes são conexões vitais para a *provisão*.

O reconhecimento de uma conexão vital é um dos maiores segredos já descobertos para o crescimento.

◈ **25** ◈

Reconhecimento da Dádiva do Tempo

O Tempo É Seu Presente de Deus.

O tempo é criador. Uma bolota coopera com o tempo e se torna um carvalho. Os bebês se tornam líderes que influenciam milhões de pessoas.

Tenho estudado biografias de pessoas ilustres há anos. A maior diferença que observei entre os que são prósperos e os que são miseráveis é a *valorização do tempo.* Quando você passa por um gueto, vê homens e mulheres sentados nos degraus, conversando horas e horas. O lixo está espalhado por todos os lugares. A desordem é crescente. Eles escolheram investir o tempo deles em bagatelas, enquanto os prósperos estão *trabalhando.*

Uma incrível ilustração vem à minha mente. Certa vez, alguém escreveu que uma barra de ferro de 2.300 quilos, usada de três maneiras diferentes, cria três níveis diferentes de renda. Se você transformá-la em ferraduras, o valor total das ferraduras será de vinte a quarenta dólares. Mas se, em vez disso, você usar a mesma barra para produzir agulhas, elas podem valer cem dólares ou mais. Mas se você decidir usar a barra de ferro para criar molas de relógio, *o valor pode ultrapassar 3 mil dólares!*

O tempo tem o mesmo poder. Alguns o utilizam

para produzir dez dólares. Outros fazem algo diferente com a mesma hora e produzem 3 mil dólares.

Em meu livro *Segredos do Homem Mais Rico que já Existiu,* o capítulo 17 é um dos mais significativos que você já leu sobre o tempo. Escrevo o seguinte: "Uma grande diferença existe entre o miserável, o pobre e o próspero. Essa diferença é o gerenciamento do tempo".

Não posso mudar seu ganho financeiro se não o convencer do *valor do tempo.*

Não posso melhorar seu relacionamento matrimonial se você não perceber *o valor dos momentos.*

Não posso liberar o mistério do ministério excepcional se você não estiver convencido do *valor de uma simples hora* de seu tempo.

O dia do rico não tem mais de 24 horas. O do pobre não tem menos de 24 horas. Ambos recebem *o mesmo presente* de Deus: 24 horas cada dia.

Todo ser humano recebe a mesma quantidade de tempo todos os dias. A diferença é como você investe esse tempo.

6 Fatos Que Você Deve Saber Sobre Gerenciamento de Tempo

1. Qualquer Coisa Significativa Em Sua Vida Exigirá Investimento de Tempo. Se você agir com pressa, aumentará o número dos erros cometidos em sua vida.

2. O Tempo Investido Na Preparação O Recompensará Mil Vezes Mais. É por isso que anos são investidos na ciração de um único automóvel...por causa da recompensa financeira de longo prazo.

Jesus chama "prudente" aquele que usa o tempo trabalhando no alicerce de uma casa sobre a rocha.

3. Qualquer Tempo Que Você Invista Na Restauração de Sua Energia E da Forma Física Lhe Produzirá Benefícios Inesquecíveis.

4. Sua Atitude Em Relação Ao Tempo É Revelada Sempre Que Você Assume Um Compromisso. A precisão mostra seu respeito pelo tempo. A pontualidade envia a seguinte mensagem: "Eu me importo com o tempo".

5. É Sua Responsabilidade Ensinar Os Que Estão Ao Seu Redor A Respeitar Seu Tempo. Você faz isso respeitando o tempo deles também. Certa vez, tive de cancelar um compromisso. Quando apareci para o compromisso, na semana seguinte, compensei o homem pelo compromisso da semana anterior. A integridade exige isso.

6. As Negociações Bem-Sucedidas Exigem O Investimento de Tempo. Os que vencem a tentação da pressa...sempre controlam a transação.

5 Dicas Para Fazer Seu Tempo Valer A Pena

1. Mantenha Uma Lista Visual de Seus Objetivos Diante Você, O Tempo Todo. Pode ser no computador ou na parede do escritório. O que você vê determina o que você buscará.

2. Estabeleça Um Limite de Tempo Para Todos Os Compromissos. Defina o horário. Diga: "Entre 10:00 e 10:20", em vez de dizer simplesmente: "Eu o verei por volta das 10:00". *A exatidão dinamiza* *qualquer ambiente.*

3. Esteja Sempre Se Movendo Em Direção Ao Seu Próximo Compromisso Ou Objetivo. Quem conhecia o presidente John F. Kennedy sabia que toda vez que alguém estava na presença dele, todos ao seu redor estavam conscientes de que ele já estava "indo" para o compromisso seguinte. Embora não parecesse estar apressado, ele estava *em movimento.* Por isso todos que se encontravam com ele *valorizavam cada segundo* e faziam aquele momento valer a pena.

4. "Marque" Aquele Que Desrespeitam Seu Tempo. Se eles não respeitam seu tempo, sua sabedoria não será respeitada por eles também.

5. Desenvolva O Hábito de Consultar Sempre O Relógio. Isso leva os outros a considerar o valor do tempo que você está dispensando a eles.

"Para tudo há uma ocasião certa; há um tempo certo para cada propósito debaixo do céu"; "Há um tempo para todo propósito, um tempo para tudo o que acontece"; "Tenham cuidado com a maneira como vocês vivem; que não seja como insensatos, mas como sábios, aproveitando ao máximo cada oportunidade, porque os dias são maus", (Ec 3:1 e 17; Ef 5:15-16).

O reconhecimento da milagrosa dádiva do tempo multiplicará sua produtividade, aumentará seu ganho financeiro e tornará cada momento precioso.

⟿ **26** ⟿

RECONHECIMENTO DAS PRÓPRIAS LIMITAÇÕES

Você Não Pode Fazer Tudo.

Você pode fazer apenas o que Deus *planejou* para você fazer por meio de seus dons, de suas habilidades e de sua iinteligência.

As árvores não falam.

As tartarugas não voam.

O planejamento determina sua capacidade.

Gosto muito de seminários de motivação. As fitas de encorajamento fazem parte da minha vida há muitos anos. É triste quando alguém interpreta mal o ensinamento e tenta, por muito tempo, realizar um sonho que não foi gerado por Deus.

A persistência faz diferença somente *quando o objetivo é aquele planejado por Deus.*

Pilotos de avião inexperientes já causaram muitos acidentes porque falharam em reconhecer as próprias limitações.

Ministros inexperientes têm distribuído conselhos nada sábios, porque não reconheceram suas limitações pessoais.

Policiais inexperientes, às vezes, se recusam a pedir apoio. A morte deles evidencia falha em reconhecer as próprias limitações.

9 Fatos Sobre Limitações Pessoais

Em meu livro *Segredos do Homem Mais Rico que já Existiu,* listo os fatos que você deve conhecer sobre suas limitações. Deixe-me compartilhar alguns que são importantes neste momento.

1. A Vida Foi Criada Para Ser Uma Coleção de Relacionamentos. Alguém vê o que você não consegue ver. Alguém pode fazer o que você é incapaz de fazer. A arrogância priva você da incrível contribuição que outros desejam dar.

2. Quando Falha Em Reconhecer As Próprias Limitações, Você Se Torna Cego Para Os Dons Escondidos Naqueles Próximos A Você.

3. O Reconhecimento de Suas Limitações Produzirá Habilidade Para Discernir Oportunidades Ao Seu Redor. Você sempre buscará algo de que sente falta.

4. O Reconhecimento de Suas Limitações Atrairá Compaixão Para Você. Todo mundo experimenta fraqueza. Admiti-la libera favor além de sua imaginação. A vulnerabilidade é um imã para a compaixão.

5. O Reconhecimento Das Próprias Limitações Lhe Permitirá Identificar Objetivos Desnecessários E Sonhos Inapropriados. Você deve aprender a identificar as coisas importantes nas coisas pequenas.

6. O Reconhecimento Das Próprias Limitações Corrige Sua Perspectiva. O foco destruído é a razão real de toda talha humana.

7. O Reconhecimento Das Próprias Limitações Remove O Estresse. Nada é mais difícil que tentar ser algo que nunca podemos ser.

8. Quando Falha Em Reconhecer Suas Limitações, Você Deixa de Buscar Soluções Para Elas. Sua fraqueza se multiplicará. Você pode corrigir apenas o que está disposto a enfrentar.

9. Seja O Que For Que Você Não Possua Está Cuidadosamente Armazenado Nas Veias Terrenas Próximas A Você. O amor é o principal segredo para chegar à arca do tesouro.

O reconhecimento das próprias limitações libertará o tesouro ilimitado armazenado nas pessoas ao seu redor.

∽ Salmos 78:39 ∽

"Lembrou-se de que eram meros mortais..."

❧ 27 ❧

RECONHECIMENTO DAS LIMITAÇÕES ALHEIAS

A Perfeição O Tornaria Insuportável.
Todo mundo possui fraquezas e limitações. Sua responsabilidade é discerni-las.

Em outro lugar, mencionei meu trágico erro de demitir uma jovem de talento excepcional. O dom dela era o *entusiasmo,* não a administração. Ela liderava minha empresa musical e estava em constante contato com grandes artistas. Eles gostavam muito dela. Ela criou muitos relacionamentos para meu ministério e para minha vida. Quando eles conversavam com ela, tinham boa impressão de mim apesar de eu nunca tê-los visto face a face.

A alegria era o dom dela.

Minha falha em reconhecer as limitações dela criou-lhe um peso excessivo. Insisti em dar-lhe cartas para digitar e arquivos para organizar. Sua fidelidade para comigo criou nela *relutância* em admitir as próprias limitações. Ela queria me agradar deseperadamente. No subconsciente, sentia que admitir qualquer limitação reduziria minha admiração por ela.

Às vezes, interpretamos nosso discernimento das limitações daqueles ao nosso redor como crítica. Nosso desejo de manter uma imagem positiva, de pessoa bem-sucedida, impede que façamos uma avaliação *precisa* por outros.

5 Fatos Úteis A Partir da Observação Das Limitações Alheias

1. **Todo Ser Humano Tem Limitações.** Você não é Deus. Ninguém é. Admita isso.

2. **Evite O Espírito Crítico Quando Discutir As Limitações Dos Outros Com Eles Próprios.** Separe-os de seus erros. Assegure-os de que você os ama e admira. Toda personalidade é *usada pelo Senhor* para realizar a missão que ele designou para ela.

3. **Destaque A Força Dos Outros, Não Suas Limitações.** Alguém sempre terá algo que você não tem. Não perca esse princípio de vista por causa do espírito crítico. Localize essa "coisa boa" dentro das pessoas.

4. **Canalize Qualquer Expectativa de Tarefa Ou de Trabalho Para A Força Das Pessoas, Passando Longe Das Limitações.** Recentemente, perguntei a um grande pastor como ele lidaria com alguém que sempre inventasse um modo de fazer as coisas diferente do que lhe foi recomendado. Ele respondeu: "Tenho uma jovem que é muito fiel. Ela é amável e cativante, mas ela sempre faz tudo diferente do que eu digo. Então, eu a mantenho bem longe de mim quando ela está cumprindo uma tarefa. Mas há quem consiga trabalhar com ela apesar dessa limitação".

5. **Não Descarte A Pessoa Fiel Por Causa de Uma Falha.** Você nunca alcançará nada na vida

se estiver pretendendo trabalhar apenas com quem não tem defeitos.

O reconhecimento das limitações alheias salvará amizades valiosas, evitará angústias e permitirá que você liberte o melhor que existe nas pessoas.

≋ Isaías 10:27 ≋

"Naquele dia o fardo deles será tirado dos seus ombros, e o jugo deles do seu pescoço; o jugo se quebrará porque vocês estarão muito gordos".

❧ 28 ❧

RECONHECIMENTO DE UNÇÕES ESPECÍFICAS

Uma Missão Exige Uma Unção.

A unção é o poder de Deus que nos permite remover um peso ou destruir um fardo de escravidão existente em outra pessoa (ver Is 61:1-4; 10:27; 14).

Missões específicas exigem unções específicas.

A unção da *liderança* permite que você *ame*.

A unção *administrativa* produz *ordem*.

A unção da *cura* libera o *louvor.*

A unção da *sabedoria ilumina*. "Pois a palavra de Deus é viva e eficaz, e mais afiada que qualquer espada de dois gumes; ela penetra até o ponto de dividir alma e espírito, juntas e medulas, e julga os pensamentos e intenções do coração", (Hb 4:12).

A unção *profética revela a vontade de Deus.*

2 Tragédias No Corpo de Cristo

1. Muitos Nunca Experimentaram Alegria Nem Sentiram O Prazer da Realização Porque Nunca Reconheceram A Unção Que Deus Colocou Na Vida Deles. Eles não reconhecem *que Deus escolheu usá-los para abençoar a vida de outros.*

2. Muitos Nunca Recebem Milagres Ou Bênçãos Porque Não Respeitam Nem Se Alegram Com As Diferentes Unções Que Deus

Tem Colocado Naqueles Próximos A Eles. Eles não percebem que Deus deseja usar os outros para abençoá-los.

13 Segredos Importantes Para Compreender A Unção Que Flui de Você E Dos Outros

1. **A Unção É O Poder de Deus.** "Naquele dia o fardo deles será tirado dos seus ombros, e o jugo deles do seu pescoço; o jugo se quebrará porque vocês estarão muito gordos", (Is 10:27).

2. **A Unção É O Poder de Deus Para Derrotar Qualquer Inimigo Que Apareça.** "...como Deus ungiu a Jesus de Nazaré com o Espírito Santo e poder, e como ele andou por toda parte fazendo o bem e curando todos os oprimidos pelo Diabo, porque Deus estava com ele", (At 10:38).

3. **Você Sempre Tem Algo Que Deus Deseja Ungir.** Moisés tinha uma vara. Davi tinha uma funda. O ato de rendição aumenta sua dependência de Deus.

4. **Seu Sucesso Na Vida Ou No Ministério Dependerá da Unção Que Você Escolher Respeitar.** Zaqueu reconheceu a diferença em Jesus. Jesus se uniu a ele por causa disso.

5. **A Unção Aumenta Na Proporção de Sua Dependência de Deus.** Sua vida de oração revela sua humildade ou seu orgulho. Qualquer tentativa de realizar alguma coisa sem Deus, no final, paralisará o fluxo da unção. "A cada um [...] é dada a manifestação do Espírito, visando ao bem comum", (1 Co 12:7).

6. **O Aumento da Unção Trará Ordem À**

Sua Vida. "Tudo deve ser feito com decência e ordem"; "Pois Deus não é Deus de desordem, mas de paz", (1 Co 14:40, 33).

7. A Unção Transforma Coisas Comuns Em Armas Incomuns. A vara simples de Moisés se tornou uma cobra. Esticada sobre o mar Vermelho, dividiu as águas. A simples funda de Davi destruiu Golias e levou Davi ao trono.

8. A Unção Que Atrai Agluns Afasta Outros. "Não pensem que vin trazer paz à terra; não vim trazer paz, mas espada. Pois eu vim para fazer que o homem fique contra seu pai, a filha contra sua mãe, a nora contra sua sogra; os inimigos do homem serão os da sua própria família", (Mt 10:34-36).

Quando você obedece ao Espírito Santo, algumas pessoas se afastam de você.

9. A Unção É Determinada Pela Vontade de Deus, Não Por Méritos Humanos. "Sei que nada de bom habita em mim", (Rm 7:18).

10. Qualquer Ato Destrutivo Contra O Ungido É Proibido Nas Escrituras. "Não toquem nos meus ungidos; não maltratem os meus profetas", (Sl 105:15). É perigoso caluniar aqueles que Deus está usando de maneira grandiosa.

11. Seu Respeito Pela Unção O Fará Ter Acesso A Ela. Durante a fome, Elias foi enviado a uma viúva, *que respeitou o conselho dele*. Jesus foi para a casa de Zaqueu por causa do *respeito* que ele demonstrou por Jesus. "Quando Jesus chegou àquele lugar, olhou par cima e lhe disse: 'Zaqueu, desça depressa. Quero ficar em sua casa hoje'", (Lc 19:5).

12. Seu Respeito Pela Unção Dos Outros Trará A Bênção de Deus Sobre Sua Vida. A viúva respeitou Elias e experimentou uma provisão abundante em meio à fome (ver 1 Rs 17). Davi respeitou a unção que estava sobre Saul e recebeu o reinado. Josué respeitou a unção de Moisés e foi sucessor dele.

13. A Unção Que Você Respeita É A Unção Que Crescerá Em Sua Vida. O respeito de Josué por Moisés levou Josué à liderança.

Quando você repsieta a unção da *cura*, milagres de cura fluem até você. Quando você respeita a unção para *reviravoltas financeiras,* suas dívidas podem ser quitadas. Quando você respeita a unção da *sabedoria,* as idéias e o favor fluirão como correntes ininterruptas.

Em meu livro *O Manual do Espírito Santo,* relaciono 18 fatos que você deve saber sobre a unção. Recomendo que você leia esse livro.

Uma Nota Especial

Uma das tragédias comuns na presente geração é o desrespeito à unção financeira, colocada em poucos líderes. Poucos libertadores financeiros existem no corpo de Cristo. Os que trilham esse caminho e se abandonam completamente ao chamado divino se tornam objeto de escárnio, desprezo e ira.

"Mas, Mike, aquele pregador da televisão só fala em dinheiro, do começo ao fim do programa! Ele não fala sobre outra coisa! Ele deve ser mais equilibrado", alguém pode reclamar.

"Mas você ficaria irritado com o dentista se ele se recusasse a cortar sua grama? Você ficaria zangado com seu advogado se ele não tentar extrair seu dente que dói? Você reprova o evangelista que prega salvação, mas não a cura para os doentes? Você ficaria bravo com o veterinário porque ele não quis construir um quarto extra em sua casa? Seus olhos se ressentem porque seus ouvidos se recusam a *enxergar?*".

A função é determinada por Deus, não por nós.

Uma senhora estava muito irritada com seu pastor porque ele falara sobre segredos financeiros durante 15 minutos antes de a oferta ser tirada na igreja.

"Não posso acreditar que meu pastor falou sobre dinheiro 15 minutos no domingo pela manhã!".

Eu lhe perguntei quantas horas são necessárias para ela se arrumar toda manhã e dirigir até o trabalho, as horas que trabalha todos os dias e o tempo que leva para chegar em casa no trânsito da tarde. Ela fica envolvida no trabalho 55 horas por semana.

"Explique uma coisa para mim" pedi. "Por que você está irritada com um pastor que a encoraja durante 15 minutos por semana a esperar bênção financeira quando você acabou de investir 55 horas de sua vida em busca de dinheiro?".

A crítica ao libertador financeiro é *demoníaca.*

Raramente os pacientes odeiam aqueles que os curam.

Se você critica os ministérios de cura, não espere que a onda de cura flua em sua casa.

Se você critica os ministérios financeiros, não esperem que idéias de bênçãos financeiras brotem dentro de você.

Se você despreza a unção daqueles que têm autoridade sobre você, não espere recompensas de proteção, provisão e promoção.

O que você respeitar virá em sua direção.

O que você desrespeitar se distanciará de você.

O reconhecimento da unção específica de Deus sobre outras pessoas pode aumentar sua unção milhares de vezes (ver Dt 1:11).

≈ 29 ≈

RECONHECIMENTO DO PROBLEMA QUE VOCÊ FOI INCUMBIDO DE RESOLVER

Você Foi Criado Para Resolver Um Problema.
Os médicos resolvem problemas físicos. As mães resolvem problemas emocionais. Dentistas resolvem problemas dos dentes. Mecânicos resolvem problemas dos automóveis. Tudo que Deus criou tem como propósito resolver um problema.

Milhões de problemas existem na terra. Resolver esses problemas gera renda, favor e fluxo de provisão financeira para bilhões de seres viventes.

Milhares de pessoas permanecem na miséria porque não reconhecem o problema próximo deles que precisa ser resolvido. Milhões de pessoas nunca receberão promoção porque ignoram o problema que está perto delas. *Casamentos* têm se deteriorado porque um dos cônjuges *se recusa a reconhecer* o problema mais próximo dele.

► O problema mais próximo a você é portão de ouro que o levará à saída.

► O problema mais próximo a você é seu mapa até o trono.

► Quando José resolveu o problema que estava próximo a ele, conseguiu uma promoção.

46 Fatos Importantes Que Você Deve Saber Sobre Resolução de Problemas

1. Você Foi Criado Para Resolver Um Problema. "Ser feliz em seu trabalho, isso é um presente de Deus", (Ec 5:19).

2. O Problema Que Você Resolve Traz Provisão Para Sua Vida. "Descobri [...] que poder comer, beber e ser recompensado pelo seu trabalho é um presente de Deus", (Ec 3:13).

3. O Problema Que Mais O Enfurece É Justamente Aquele Que Deus Incumbiu Você de Resolver. Quando Moisés observou um egípcio batendo em um israelita, e a ira o tomou. A ira é sinal de que Deus deseja que você *corrija* algo que o desagrada. A ira é a origem da mudança.

4. Seus Dons E Habilidades São Pistas Para O Problema O Qual Você Deve Resolver. Você pode ser habilidoso com números, para trabalhar com crianças ou na administração. Seu dom é revelado pelo o que você ama. A prova do amor é o investimento do tempo. Se você está disposto a investir tempo aprendendo algo, isso é uma pista do dom existente dentro de você.

5. Homens Excepcionais Resolvem Problemas Excepcionais. Os que projetam arranha-céus têm criatividade diferente dos que constroem casas de cachorros. O pagamento também é diferenciado!

6. Homens Excepcionais Resolvem Problemas Comuns de Uma Maneira Comum. Esse é o segredo da McDonald's, a maior rede de lanchonetes do planeta. Matar um homem na batalha é comum, mas Davi se tornou conhecido porque ele fez isso com uma arma excepcional contra um inimigo excepcional.

7. Você Será Lembrado Ou Pelos Problemas Que Você Resolveu Ou Por Aqueles Que Você Criou. José é lembrado porque resolveu o problema da provisão de alimentos durante a fome.

8. Os Homens Excepcionais Sempre Se Distinguem Pelo Método Que Usam Para Resolver Um Problema. A lepra de Naamã desapareceu por causa de uma instrução ilógica de Eliseu: mergulhar no rio Jordão sete vezes.

9. Correntes de Favores Fluirão Em Sua Vida No Momento Em Que Você Resolver Um Problema Para Alguém. Quando o Apóstolo Paulo trouxe o poder divino de cura para o pai de Públio, o chefe da ilha de Malta, o favor começou a fluir. Outros foram curados também. Lucas registra: "Eles nos prestaram muitas honras e, quando estávamos para embarcar, forneceram-nos os suprimentos de que necessitávamos", (At 28:10).

Davi quis saber qual era a recompensa por matar Golias. "O rei dará grandes riquezas a quem o vencer. Também lhe dará sua filha em casamento e isentará de impostos em Israel a família de seu pai", (1 Sm 17:25).

10. O Problema Que Você Resolver Determina O Salário Que Você Irá Ganhar. Os advogados ganham duzentos dólares por hora enquanto um jardineiro ganha apenas oito. Ambos são dignos. O problema que eles escolheram resolver é que tem valor diferente.

11. Nunca Discuta Um Problema Com

Pessoas Incapazes de Resolvê-Lo. A resposta delas irá enfurecer você.

12. O Problema Que Você Resolve Para Outros Determina Os Problemas Que Deus Resolverá Para Você. "Vocês sabem que o Senhor recompensará cada um pelo bem que praticar, seja escravo, seja livre", (Ef 6:8).

13. A Bênção do Senhor Sempre Será Proporcional Ao Problema Que Você Escolheu Resolver. "O SENHOR abrirá o céu, o depósito do seu tesouro, para enviar chuva à sua terra no devido tempo e para abençoar todo o trabalho das suas mãos", (Dt 28:12).

14. Aqueles Que Se Recusam A Resolver Problemas Não Devem Ser Tolerados Por Aqueles Que Resolvem. "Quando ainda estávamos com vocês, nós lhes ordenamos isto: Se alguém não quiser trabalhar, também não coma", (2 Ts 3:10).

15. As Escrituras Proíbem A Intimidade E O Relacionamento Com Quem Não Está Disposto A Trabalhar E A Resolver Problemas. "Ouvimos que alguns de vocês estão ociosos; não trabalham, mas andam se intrometendo na vida alheia [...] contudo, não o considerem como inimigo, mas chamem a atenção dele como irmão", (2 Ts 3:11, 15).

16. Os Que São Capacitados A Resolver Problemas Estão Qualificados Para Liderar. "As mãos diligentes governarão, mas os preguiçosos acabarão escravos", (Pv 12:24).

17. Os Que Solucionam Problemas Excepcionais São Procurados Por Homens de Grandeza Excepcional. "Você já observou um homem habilidoso em seu trabalho? Será promovido ao serviço real; não trabalhará para gente obscura", (Pv 22:29).

18. Resolver Problemas Aumenta As Chances de Receber Favor. "O coração bem disposto é remédio eficiente", (Pv 17:22).

19. Sua Flexibilidade E Disposição Para Resolver Um Problema Reflete Em Seu Salário E No Respeito Que Lhe Devotam. As cafeterias abertas 24 horas existem por causa da *flexibilidade*.

20. Muitos, No Final, Ficam Sabendo do Problema Que Você Resolveu Para Outra Pessoa. Boaz sabia que Rute tratara de Noemi melhor do que seus filhos poderiam tratar sua mãe.

21. Deus Espera Que Você Observe E Reconheça O Problema Mais Próximo A Você. "Se alguém tiver recursos materiais e, vendo seu irmão em necessidade, não se compadecer dele, como pode permanecer nele o amor de Deus?", (1 Jo 3:17).

22. Deus Espera Que Você Resolva O Problema Mais Próximo. "Quanto lhe for possível, não deixe de fazer o bem a quem dele precisa", (Pv 3:27). José aplicou esse princípio no caso do mordomo.

23. Sua Missão Determina O Tipo de Problema Que Você Percebe E Deseja Resolver. Os alfaiates notam a falta de botões. Os cabeleireiros notam seu cabelo. Os mecânicos ouvem quando algo está errado no motor de seu carro. Por quê? É a missão deles. Sua missão destaca e intensifica os problemas que você percebe, os quais você é chamado para resolver.

24. Você Não Foi Incumbido de Resolver Problemas Para Todo Mundo. Determine o problema para o qual você foi designado. Jesus disse aos fariseus que ele não fora chamado para os que estavam sãos, e sim para os doentes e que precisavam dele.

25. Você Não É Incumbido de Resolver Todo Tipo de Problema Para Todo Mundo. Os pastores não são necessariamente ungidos para resolver porblemas de patrimônio, conserto de carro e transações imobiliárias. Outras pessoas podem fazer isso.

26. Os Problemas São Catalisadores Que Nos Fazem Alcançar Uns Aos Outros. Você só liga para um dentista quando seu dente dói. Você só liga para um advogado para conversar sobre assuntos legais. Os problemas criam relacionamentos.

27. Os Problemas Revelam O Valor Das Pessoas Próximas A Você. Alguém me disse que, quando foi hospitalizado, o amor e o carinho de seus entes queridos significaram mais para ele naquele momento que em qualquer outra ocasião.

28. Os Problemas Que Os Outros Estão Enfrentando Levam A Reconhecer Seu Valor. Os filhos que ignoram os pais mudarão de atitude quando depararem com uma crise.

29. Seu Telefone Nunca Tocará, A Não Ser Que Alguém Tenha Um Problema Para Você Resolver. O motivo pode ser confiança emocional, informação ou pergunta que requeira resposta. Os problemas costumam se espalhar.

30. Qualquer Problema Criado Pela Rebelião Pode Ser Resolvido Pelo Arrependimento Dessa Rebelião. Quando os não dizimistas pedem ao ministro que orem pela sua prosperidade, será inútil ele atender o pedido. O arrependimento é o segredo para a prosperidade. Do mesmo modo, é tolice suportar o genro que despreza o mandamento bíblico de trabalhar.

31. O Espírito Santo Pode Proibir Você de Resolver Problemas Par Determinadas Pessoas. Paulo passou por isso: "Paulo e seus companheiros viajaram pela região da Frígia e da Galácia, tendo sido impedidos pelo Espírito Santo de repgar a palavra na província da Àsia. Quando chegaram à fronteira da Mísia, tentaram entrar na Bitínia, mas o Espírito de Jesus os impediu", (At 16:6-7).

32. Aqueles A Quem Você Ama Sempre Querem Que Você Resolva O Problema Deles, Mas Não Querem Sofrer As Conseqüências da Rebeldia. Implorei a um pastor que não assumisse uma dívida desnecessária. Ele estava determinado a construir um palácio antes que houvesse povo suficiente para pagar por ele. Roguei, insisti. Depois, quando ele continuou, implorou que eu voltasse e o ajudasse a sair do problema. O Espírito Santo me proibiu.

33. Problemas Pequenos São Sempre Indício de Que Existe Um Problema Mais Profundo. Quando um jovem casal permanece endividado, isso indica que a ganância está à solta. Sua indisposição para esperar revela impaciência. A impaciência gera mais dívidas do que podemos administrar.

34. Você Não Pode Resolver Problemas de Quem Esteja Em Rebelião Contra Deus. "Se resistirem e se rebelarem, serão devorados pela espada. Pois o SENHOR é quem fala!", (Is 1:20).

Nunca sopre vida sobre algo que Deus esteja matando.

Nunca mate algo que Deus esteja ressuscitando.

Permita que Deus conclua o plano dele na vida dos que estão ao seu redor.

35. Você Não Pode Resolver Um Problema Para Alguém Que Não Confie Em Sua Capacidade. "Quem dele se aproxima precisa crer que ele existe e que recompensa aqueles que o buscam", (Hb 11:6).

36. Você Só Pode Resolver Um Problema Para Quem Sabe Que Tem Um Problema. Deus não pode nem mesmo salvar alguém que não perceba que está perdido. A confissão é uma necessidade. Os fariseus se recusaram a reconhecer que tinham um problema. Isso lhes custou a eternidade.

37. Deus Não Ordena Que Você Se Envolva Em Todos Os Problemas. Você deve desenvolver a habilidade de ouvir a voz do Espírito, em vez de tentar atender a todos.

A rebelião gera a *crise*.

A rebelião *contínua* gera uma crise *sem fim*.

Muitos pais tentam encobrir a queda quando adolescentes rebeldes desafiam as Escrituras.

38. Você Só Pode Resolver Problemas Para Os Humildes. O arrogante alterará suas instruções. O rebelde as desafiará. O orgulhoso ignorará seu problema. A confissão indica humildade.

39. Você Não Pode Resolver O Problema de Quem Não Se Arrependeu. Os fariseus não se arrependiam. Os rebledes estão desqualificados para receber ajuda.

40. Você Não Pode Ajudar Alguém Que Não

Confie Em Seu Conselho. Um parente certa vez me pediu um conselho. Eu lhe dei. Depois, ele me informou que havia tomado uma decisão diferente. Ele me pediu mais conselhos. Eu recusei.

41. Os Que Discordam de Sua Solução Desqualificamse Para Um Conselho Adicional. "Quem sabe que deve fazer o bem e não o faz, comete pecado", (Tg 4:17).

42. Você Pode Prever O Sucesso de Alguém Pelo Problema Que Ele Escolheu Para Resolver. José escolheu resolver um problema para os que estavam próximos dele. Isso lhe garantiu acesso ao faraó.

43. Alguém Que Você Não Conhece Está Discutindo O Problema Que Você É Capaz de Resolver Para Ele. Nunca entre em pânico quando não vir os resultados dos seus esforços. Em algum lugar, alguém estará falando sobre você. Boaz ouviu seus servos se referindo a Rute e Noemi. Ele sabia que ela era muito bondosa para a sogra.

44. Alguém Na Liderança Está Cuidadosamente Observando Sua Atitude Com Relação Ao Problema Que Você Está Resolvendo. Boaz respeitou Rute por causa da atitude dela para com a Noemi.

45. Dinheiro É Meramente A Recompensa Pela Solução de Um Problema. Quando você observar que alguém nunca tem dinheiro, obviamente esta pessoa não está resolvendo problemas ou está resolvendo para a pessoa errada.

46. Todo Mundo Tem Problemas Que Não Consegue Resolver. É por isso que o banqueiro é necessário, assim como o taxista, o pedreiro, o caminhoneiro e o psicólogo. Você é necessário...para alguém.

O reconhecimento do problema mais próximo a você é a saída do caos, seu portão de ouro para o trono. Tudo isso levará sua vida à níveis mais elevados.

～ 30 ～

RECONHECIMENTO DAS PESSOAS DESIGNADAS PARA AJUDAR VOCÊ

Alguém Foi Designado Para Proteger Sua Vida. Em algum lugar...alguém se sente responsável por sua proteção. Essas pessoas estão dispostas a lutar por você. Eles querem ser um muro de proteção, uma fonte de sustento e motivação para sua vida.

Você não poder ser bem-sucedido sozinho. Deus nunca pretendeu que você vivesse a vida sem relacionamentos. Pedro reconheceu isso: "Simão Pedro lhe respondeu: 'Senhor, para quem iremos? Tu tens as palavras de vida eterna'", (Jo 6:68).

Os mentores são designados para se comunicar com você. Elias foi designado para Eliseu. Paulo sentiu a dor de Timóteo. Moisés aconselhou Josué. Mardoqueu se sentiu responsável em revelar a conspiração para Ester.

Os protegidos recebem a tarefa de aprender com você. Eles não encontraram em nenhum outro lugar o que Deus colocou dentro de você para eles. Eles sabem muito bem disso.

21 Fatos Para Ajudar Você A Identificar Os Que Foram Designados Para Ajudar Você

1. Cada Pessoa Designada Para Você Resolverá Um Problema Diferente. Alguns o motivam. Alguns o educam. Alguns o corrigem.

2. Os Que Foram Designados Para Ajudar Você Orgulhosamente Se Identificarão Com Você. Os críticos de Elias zombavam de Eliseu, seu protegido. Eliseu os instruiu a "não falarem nisso", (2 Rs 2:3).

3. Os Que Foram Designados Para Ajudar Você Adaptam Alegremente Os Planos Deles Aos Seus Durante O Tempo de Necessidade.

4. Os Que Foram Designados Para Ajudar Você Se Consideram Seus Protetores. Foi por isso que Pedro cortou a orelha do soldado que levantou a mão contra o Senhor.

5. Os Que Foram Designados Para Ajudar Você O Defenderão Até Mesmo Quando Você Errar. Um jovem me disse que ouvira um funcionário meu criticar-me por duas horas. Eu lhe expliquei: O funcionário que me criticou se sentia *desconfortável* em fazer isso na minha presença *por uma razão*. Ele tinha permissão para tentar destruir meu caráter durante duas horas se o ouvinte não fosse alguém disposto a me proteger. *Os inimigos se sentem desconfortáveis em atacar alguém a quem outras pessoas realmente amam...enquanto essas pessoas estão perto dele.*

6. Os Que Forma Designados Para Ajudar Você O Alertarão do Perigo E Das Armadilhas

Preparadas Pelos Inimigos. Paulo tinha esse tipo de fidelidade. "Vigiem! Lembrem-se de que durante três anos jamais cessei de advertir cada um de vocês disso, noite e dia, com lágrimas", (At 20:31).

7. Os Que Foram Designados Para Ajudar Você Se Tornarão Inimigos de Seus Inimigos. Ester recebeu a tarefa de salvar a nação judaica. Hamá era o inimigo da nação. Ela se tornou inimiga de Hamã por ele ser inimigo de seu povo.

8. Os Que Foram Designados Para Ajudar Você Nunca Farão Aliança Com Alguém Que Planeje Sua Destruição. "O amigo ama em todos os momentos; é um irmão na adversidade", (Pv 17:17).

9. Os Que Foram Designados Para Ajudar Você Protegerão Sua Reputação A Qualquer Custo. Todo mundo comete erros. Mas essas pessoas construirão uma parede de proteção. Rute honrou o pedido de Boaz. "Ninguém deve saber que esta mulher esteve na eira", (Rt 3:14).

10. Os Que Foram Designados Para Ajudar Você Nunca Usarão de Certas Informações Para Magoá-Lo. Jônatas não revelou o esconderijo de Davi a Saul, seu pai. É a glória do rei "manter um segredo". O amor protege.

11. Os Que Foram Designados Para Ajudar Você Renunciam As Recompensas de Outros Relacionamentos Para Ficar do Seu Lado. Jônatas se afastou do trono para permanecer ao lado de Davi (ver 1 Sm 23:16-18).

12. Os Que Foram Designados Para Ajudar Você Pagarão Qualquer Preço Para Agradá-Lo. (Ver 1 Cr 11:17-19.)

13. Os Que Foram Designados Para Ajudar

Você Percebem Sua Grandeza Mesmo Quando Seu Comportamento Parece Insensato! Davi queria matar Nabal. Abigail o fez pensar no futuro e nas qualidades do reinado dele. As pessoas designadas para ajudar você lembrarão de sua grandeza, mesmo quando seu comportamento pareça indicar o contrário.

14. Quem Quebra O Elo de Confiança Não Foi Designado Para Ajudar Você.

15. Os Que Foram Designados Para Ajudar Você Possuem Falhas. As imperfeições deles permitem que suportem suas imperfeições também!

16. Os Que Foram Designados Para Ajudar Você Podem, Às Vezes, Experimentar Dúvidas Sobre Sua Vida E Seu Futuro. Tomé duvidou até mesmo da presença de Jesus.

17. Os Que Foram Designados Para Ajudar Você Podem Inicialmente Temer A Missão Deles Em Sua Vida. Jonas não queria ir para Nínive, mas a "universidade das algas marinhas" o educou!

18. Os Que Foram Designados Para Ajudar Você Podem, Às Vezes, Desapontá-Lo. Pedro negou ao Senhor três vezes. Jesus, porém o enxergava além desas negações.

19. Os Que Foram Designados Para Ajudar Você Podem, Às Vezes, Deixá-Lo Impaciente. "O Senhor é bom para com aqueles cuja esperança está nele", (Lm 3:25).

20. Os Que Foram Designados Para Ajudar Você Podem Estar Cumprindo Uma Missão Temporária. Jesus disse: "Preciso ir para Samaria". Foi uma experiência de um dia para a mulher samaritana, mas isso mudou a vida dela para sempre.

21. Os Que Foram Designados Para Ajudar Você Podem Suportar O Estresse Que Você Não Pode.

Pare um pouco para apreciar o trabalho daqueles que têm se dedicado a você.

O reconhecimento das pessoas designadas para ajudar você pode remover fardos e responsabilidades desnecessários, que fazem a vida parecer insuportável.

∼ João 6:63 ∼

"O Espírito dá vida; a carne não produz nada
se aproveite. As palavras que eu lhes disse
são espírito e vida".

❧ 31 ❧

Reconhecimento da Bíblia Como Seu Manual do Sucesso Supremo

———❧◉❧———

A Bíblia É O Manual do Sucesso.
Seu hábito mais difícil, que está para nascer, será o da leitura da Palavra de Deus todos os dias de sua vida. Mas ela é a ferramenta milagrosa que produz as mudanças pelas quais seu coração está desejoso.

12 Recompensas da Leitura da Palavra de Deus

1. A Palavra de Deus Libera A Verdadeira Vida Que Há Em Seu Interior. "O Espírito dá vida; a carne não produz nada se aproveite. As palavras que eu lhes disse são espírito e vida", (Jo 6:63). Vida é energia. A Palabra de Deus cria uma energia inexplicável. "Preserva a minha vida conforme as tuas leis", (Sl 119:156).

2. A Palavra de Deus Resolve Os Problemas Que Afligem Sua Mente. "Os que amam a tua lei desfrutam paz", (Sl 119:165).

3. A Palavra de Deus Limpa Sua Consciência. "Vocês já estão limpos, pela palavra que lhes tenho falado", (Jo 15:3).

4. A Palavra de Deus Purifica. "Como pode

o jovem manter pura a sua conduta? Vivendo de acordo com a tua palavra", (Sl 119:9).

5. A Palavra de Deus O Corrige. "Toda a Escritura é inspirada por Deus e útil para o ensino, para a repreensão, para a correção e para a instrução na justiça", (2 Tm 3:16).

6. A Palavra de Deus Vence Todas As Batalhas. "Os teus mandamentos me tornam mais sábios que os meus inimigos", (Sl 119:98).

7. A Palavra de Deus Alerta Para As Armadilhas. "Guardei no coração a tua palavra para não pecar contra ti", (Sl 119:11). "Os ímpios prepararam uma armadilha contra mim, mas não me desviei dos teus preceitos", (Sl 119:110).

8. A Palavra de Deus Expulsa As Trevas Que Há Ao Seu Redor. "A explicação das tuas palavras ilumina e dá discernimento aos inexperientes", (Sl 119:130).

9. A Palavra de Deus Produz Alegria Excepcional. "Tenho lhes dito estas palavras para que a minha alegria esteja em vocês e a alegria de vocês seja completa", (Jo 15:11).

10. A Palavra de Deus Produz O Temor de Deus. Exemplos de julgamento nos dão energia para corrigir nosso comportamento e alterar nossa conduta.

11. A Palavra de Deus Cria Aversão Ao Mal. "Não seja sábio aos seus próprios olhos; tema o Senhor e evite o mal", (Pv 3:7).

12. A Palavra de Deus É Fonte de Sabedoria Para Sua Vida. "Pois o SENHOR é quem dá sabedoria; de sua boca procedem o conhecimento e o discernimento", (Pv 2:6).

12 Recompensas da Sabedoria

1. A Sabedoria É O Principal Segredo Para Todos Os Tesouros da Vida. "Deus disse a Salomão: 'Já que este é o desejo de seu coração e você não pediu riquezas, nem bens, nem honra, nem a morte dos seus inimigos, nem vida longa, mas sabedoria e conhecimento para governar o meu povo, sobre o qual o fiz rei, você receberá o que pediu, mas também lhe darei riquezas, bens e honra, como nenhum rei antes de você teve e nenhum depois de você terá'", (2 Cr 1:11-12); "Nele estão escondidos todos os tesouros da sabedoria e do conhecimento", (Cl 2:3).

2. O Temor de Deus É O Começo da Sabedoria. "O temor do SENHOR é o princípio da sabedoria, e o conhecimento do Santo é entendimento", (Pv 9:10); "O temor do SENHOR é o princípio da sabedoria", (Sl 111:10); "Disse então ao homem; 'No temor do Senhor está a sabedoria e evitar o mal é ter entendimento'", (Jó 28:28).

3. A Sabedoria É Mais Poderosa Que As Armas de Guerra. "A sabedoria é melhor do que as armas de guerra", (Ec 9:18); "Ele será o firme fundamento nos tempos a que você pertence, uma grande riqueza de salvação, sabedoria e conhecimento; o temor do SENHOR é a chave desse tesouro", (Is 33:6). "Quando os justos falam há livramento", (Pv 12:6).

4. Relacionamentos Corretos Aumentam Sua Sabedoria. "Aquele que anda com os sábios será cada vez mais sábio, mas o companheiro dos tolos acabará mal", (Pv 13:20); "Não se deixem enganar: 'As más companhias corrompem os bons costumes'", (1 Co 15:33); "Esse tal mostra um interesse doentio por controvérsias e contendas acerca de palavras, que resultam em inveja, brigas, difamações, suspeitas malignas e atritos constantes entre aqueles que têm a mente corrompida e que são privados da verdade, os quais pensam que a piedade é fonte de lucro", (1 Tm 6:5).

5. A Sabedoria É Melhor Que Jóias Ou Dinheiro. "A sabedoria é mais preciosa do que rubis; nada do que vocês possam desejar compara-se a ela", (Pv 8:11); "Como é feliz o homem que acha a sabedoria, o homem que obtém entendimento, pois a sabedoria é mais proveitosa do que a prata e rende mais do que o ouro. É mais preciosa do que rubis; nada do que você possa desejar se compara a ela", (Pv 3:13-15); "O preço da sabedoria ultrapassa o dos rubis", (Jó 28:18); "É melhor obter sabedoria do que ouro! É melhor obter entendimento do que prata", (Pv 16:16).

6. O Sábio Recebe Bem A Correção. "Não repreenda o zombador, caso contrário ele o doiará; repreenda o sábio, e ele o amará. Instrua o homem sábio, e ele será ainda mais sábio; ensine o homem justo, e ele aumentará o seu saber", (Pv 9:8-9); "Quem ouve a repreensão construtiva terá lugar permanente entre os sábios. Quem recusa a disciplina faz pouco caso de si mesmo, mas quem ouve a repreensão obtém entendimento", (Pv 15:31-32); "Meu filho, não despreze a disciplina do Senhor nem se magoe com a sua repreensão, pois o Senhor disciplina a quem ama, assim como o pai faz ao filho de quem deseja o bem", (Pv 3:11-12).

7. A Sabedoria Produz Correntes de Favor E Reconhecimento Para Você. "Dedique alta estima à sabedoria, e ela o exaltará; abrace-a, e ela o honrará", (Pv 4:8); "Como é feliz o homem que me ouve, vigiando diariamente à minha porta, esperando junto às portas da minha casa. Pois todo aquele que me encontra, encontra vida e recebe o favor do SENHOR", (Pv 8:34-35); "Meu filho, não se esqueça da minha lei, mas guarde no coração os meus mandamentos [...] Então você terá o favor de Deus e dos homens, e boa reputação", (Pv 3:1, 4).

8. A Sabedoria Garante Promoção. "Por meu intermédio os reis governam, e as autoridades exercem a justiça; também por meu intermédio governam os nobres, todos os juízes da terra", (Pv 8:15-16); "E você, Esdras, com a sabedoria que o seu Deus lhe deu, nomeie magistrados e juízes para ministrarem a justiça todo o povo do território situado a oeste do Eúfrates, a todos os que ocnhecem as leis do seu Deus. E aos que não as conhecem você deverá ensiná-las", (Ed 7:25); "Dedique alta estima à sabedoria, e ela o exaltará; abrace-a, e ela o honrará. Ela porá um belo diadema sobre a sua cabeça e lhe dará de presente uma coroa de esplendor", (Pv 4:8-9).

9. Quando Você Aumentar Sua Sabedoria, Aumentará Também Sua Riqueza. "Comigo estão riquezas e honra, prosperidade e justiça duradouras [...] concedendo riqueza aos que me amam e enchendo os seus tesouros", (Pv 8:18, 21).

"Na mão direita, a sabedoria lhe garante vida longa, não mão esquerda, riquezas e honra", (Pv 3:16).

"Aleluia! Como é feliz o homem que teme o SENHOR e tem grande prazer em seus mandamentos! [...] Grande riqueza há em sua casa, e a sua justiça dura para sempre", (Sl 112:1, 3); "A riqueza dos sábios é a sua coroa", (Pv 14:24).

10. A Sabedoria Deixa Sem Defesa Seus

Inimigos. "Eu lhes darei palavras e sabedoria a que nenhum dos seus adversários será capaz de resistir ou contradizer", (Lc 21:15). "Quando os caminhos de um homem são agradáveis ao SENHOR, ele faz que até os seus inimigos vivam em paz com ele", (Pv 16:7); "A sabedoria oferece proteção, como o faz o dinheiro, mas a vantagem do conhecimento é esta: a sabedoria preserva a vida de quem a possui", (Ec 7:12); "Pois o SENHOR é quem dá sabedoria; de sua boca procedem o conhecimento e o discernimento [...] A sabedoria o livrará do caminho dos maus [...] Ela também o livrará da mulher imoral", (Pv 2:6, 12, 16).

11. A Sabedoria Pode Ser Concedida Pela Imposição de Mãos de Um Homem de Deus. "Torno a lembrar-lhe que mantenha viva a chama do dom de Deus que está em você mediante a imposição das minhas mãos [...] Quanto ao que lhe foi confiado, guarde-o por meio do Espírito Santo que habita em nós", (2 Tm 1:6, 14); "Ora, Josué, filho de Num, estava cheio do Espírito de sabedoria, porque Moisés tinha imposto as suas mãos sobre ele", (Dt 34:9); "Apresentaram esses homens aos apóstolos, os quais oraram e lhes impuseram as mãos [...] Estêvão, homem cheio da graça e do poder de Deus, realizava grandes maravilhas e sinais entre o povo, mas não podiam resistir à sabedoria e ao Espírito com que ele falava", (At 6:6, 8, 10).

12. A Palavra de Deus É Sua Fonte de Sabedoria. "Eu lhes ensinei decretos e leis, como me ordenou o SENHOR, o meu Deus, para que sejam cumpridos na terra na qual vocês estão entrando para dela tomar posse. Vocês devem obedecer-lhes e cumpri-los, pois assim os outros povos verão a sabedoria e o discernimento de vocês", (Dt 4:5-6); "Os teus mandamentos me tornam mais sábio que os meus inimigos, porquanto estão sempre comigo. Tenho mais discernimento que todos os meus mestres, pois medito nos teus testemunhos. Tenho mais entendimento que os anciãos, pois obedeço aos teus preceitos", (Sl 119:98-100); "Pois o SENHOR é quem dá sabedoria; de sua boca procedem o conhecimento e o discernimento", (Pv 2:6).

9 Informações Úteis Sobre A Leitura da Palavra de Deus

1. Leia-A Palavra de Deus Diariamente. O que você faz diariamente determina o que você será permanentemente.

2. Leia-A Em Espírito de Oração. O Espírito Santo conversará com você por meio da Palavra dele enquanto você a lê com o coração humilde.

3. Leia-A Completamente. Não tenha pressa. Leia cada palavra como se ela estivesse impregnada com uma mensagem confidencial especialmente para você.

4. Leia-A Alegremente. Alguma coisa está mudando dentro você enquanto as palavras de Deus entram em seu coração. As palavras de Deus são como cápsulas que entram no solo de sua vida e liberam benefícios incríveis.

5. Leia-A Em Voz Alta. Quando leio a Palavra de Deus em voz alta, ela me afeta mais que em qualquer outro momento. Às vezes, quando coloco uma fita cassete para ouvir a Palavra de Deus, sigo a leitura na Bíblia. O efeito é surpreendente. Isso multiplica o impacto da Palavra em sua vida.

6. Marque A Bíblia À Medida Que Você A Lê. Crie um código de cores nas passagens que são importantes para você. Uso vermelho para destacar as passagens referentes às batidas do coração em minha vida, o Espírito Santo, Jesus e a Palavra de Deus. Destacadas em verde estão os textos relacionados à bênção financeira. O amarelo indica os versículos que já memorizei ou que desejo memorizar. O azul indica algo de importância excepcional.

7. Em Cada Conversa Telefônica Cite Um Versículo E Faça Uma Oração. Sua menção à Palavra de Deus pode ser a única que se amigo ouvirá.

8. Dê A Palavra de Deus Como Um Presente Especial Para Aqueles A Quem Você Ama. É por isso que criei as Bíblias temáticas para empresários, pais, mães e adolescentes. Criei uma série inteira chamada *Bíblia de bolso de um minuto* para mães, pais e empresários. Nada é mais importante que a Palavra.

9. Cada Batalha de Satanás Contra Sua Vida Tem O Propósito de Separá-Lo da Palavra de Deus. Quando satanás o aliena da Palavra, ele destruiu sua única defesa eficaz.

▶ Seu melhor amigoé aquele que lhe ajuda a acreditar e viver a Palavra de Deus.

▶ Seu pior inimigo é aquele que enfraquece seu desejo de conhecer e obedecer à Palavra de Deus.

O reconhecimento da Palavra de Deus como seu manual de sucesso supremo alterará seu comportamento, o preparará para o céu e liberará uma paixão excepcional pela vida.

Nossa Oração...

"Pai, usa as palavras deste livro como sementes de grandeza plantadas no dsolo de teu povo.

Lembra-nos de tua Grandeza, da necessidade que temos de ti e do acesso que nos ofereceste.

"Espírito Santo, és a fonte da alegria, da paz e da sabedoria incomum.

"Faze queimar estas palavras em nossa vida como o ferro quente que deixa marca no novilho.

"Revela toda fasidade.

"Remove cada inimigo.

"*Muda-nos por meio de tua palavra.*

"Em nome de Jesus, amém".

DECISÃO

Você Quer Aceitar A Jesus Como O Salvador da Sua Vida?

A Bíblia diz, "Se, com a tua boca, confessares ao Senhor Jesus e, em teu coração, creres que Deus o ressuscitou dos mortos, serás salvo", (Romanos 10:9).

Repita a seguinte oração com toda sinceridade:

"Querido Jesus, eu acredito que morrestes por mim no Calvério e que ressuscitastes ao terceiro dia. Eu confesso que sou um pecador e que preciso do Teu amor e perdão. Entra no meu coração, Jesus! Perdõe os meus pecados! Eu quero receber a Tua vida eterna. Confirme o Teu amor por mim com o derramar da Tua paz, felicidade e o amor sobrenatural para com os outros. Amém".

☐ Sim, Mike, hoje eu fiz uma decisão para aceitar a Cristo como o meu Salvador pessoal. Por favor, me envie o presente do seu livro "31 Chaves Para Um Novo Começo", para ajudar com a minha vida nova em Cristo.

NOME   DATA DE NASCIMENTO

ENDEREÇO CIDADE   ESTADO CÓDIGO POSTAL

PAÍS

TELEFONE   EMAIL   DFC

Envie pelo correio o formulário completo para o seguinte endereço:

Centro de Sabedoria
4051 Denton Hwy. · Ft. Worth, Texas 76117 USA
Telefone: 1-817-759-0300
Website: www.WisdomOnline.com

-- Détachez & Postez --

DR. MIKE MURDOCK

1 Abraçou o seu Desígnio de Perseguir...Proclamar...e Publicar a Palavra de Deus para ajudar as pessoas a realizarem os seus sonhos e as suas metas.

2 Começou a trabalhar em tempo integral como evangelista desde 1966 quando tinha 19 anos de idade.

3 Tem viajado e pregado para mais de 17.000 ouvintes em 100 países, incluíndo o Leste e o Oeste da África, Asia e a Europa.

4 Autor notório de mais de 250 livros, incluíndo os best sellers: "A Sabedoria do Vencedor", "A Semente Sonhadora" e "O Princípio Duplo do Diamante".

5 Criador da popular "Bíblia em Tópicos" para Homens de Negócios, Mães, Pais e Adolescentes; a "Bíblia de Bolso de Um-Minuto" em séries e "A Vida Incomum", também em séries.

6 Iniciou o "Mestre 7 - Programa do Mentor Mike Murdock".

7 Compôs mais de mais de 5.700 canções, como por exemplo: "Eu Sou Abençoado", "Você Vai Conseguir", "Deus Voa Nas Asas do Amor" e "Jesus, Somente o Pronunciar do Teu Nome", gravado por muitos cantores do evangelho.

8 É o Fundador do Centro de Sabedoria, em Fort Worth, Texas.

9 Tem um programa semanal na televisão, chamado: "As Chaves da Sabedoria com Mike Murdock".

10 Tem comparecido freqüentemente nos canais da TBN, CBN, BET e outras redes de televisão.

11 Mais de 3.000 pessoas aceitaram a chamada de trabalhar em tempo integral no ministério através dele.

O MINISTÉRIO

1 **Livros de Sabedoria & Literatura** - Mais de 250 best-sellers Livros de Sabedoria e 70 Séries de Ensino em Cassetes.

2 **Cruzadas nas Igrejas** - Multidões são ministrados através de cruzadas e seminários em toda a América nas "Conferências de Sabedoria Incomum". Conhecido como um homem que ama os Pastores, ele tem se concentrado em cruzadas por 43 anos.

3 **Ministério Musical** - Milhões têm sido abençoados pela unção em Mike Murdock ao escrever músicas e ao cantar. Ele tem mais de 15 albuns de música e CD disponíveis.

4 **Televisão** - "As Chaves da Sabedoria com Mike Murdock", um programa semanal de veículação nacional.

5 **O Centro de Sabedoria** - É o local da Igreja e dos gabinetes do Ministério onde o Dr. Murdock prega semanalmente sobre a Sabedoria Para Uma Vida Incomum.

6 **Escolas do Espírito Santo** - Mike Murdock é o anfitrião de Escolas do Espírito Santo em muitas igrejas, ensinando os crentes sobre a Pessoa e a Companhia do Espírito Santo.

7 **Escolas de Sabedoria** - Em cidades principais, o Mike Murdock organiza Escolas de Sabedoria para aqueles que desejam um treinamento personalizado e avançado, para alcançarem... "A Vida Incomum".

8 **Missões** - Dr. Mike Murdock tem feito viagens missionárias em 100 países, incluíndo cruzadas no Leste e Oeste da África, América do Sul, Asia e na Europa.

www.ingramcontent.com/pod-product-compliance
Lightning Source LLC
Chambersburg PA
CBHW051818090426
42736CB00011B/1537